K.G. りぶれっと No. 30

心理科学の射程

寺尾将彦
田中善大
安田　傑
上野永子

関西学院大学出版会

目次

はじめに

本書『心理科学の射程』は、関西学院大学大学院文学研究科総合心理科学専攻の「国際化社会に貢献する心理科学実践家の養成」事業《文部科学省「組織的な大学院教育改革推進プログラム」採択二〇〇九—二〇一一年度》の成果の一つとして刊行するものである。各著者は昨年度または本年度に博士号を取得した若手研究者で、各自の専門テーマをわかりやすく述べている。

本書は出版企画の第五号にあたる（第一号と第二号は、「理工系分野に貢献する心理科学教育」事業《文部科学省「『魅力ある大学院教育』イニシアティブ採択二〇〇五—二〇〇六年度》の成果である）。第一号から第四号までの目次（章タイトル）は左記の通りである。本書の目次とあわせてご覧いただければ、われわれが取り組む「科学としての心理学（心理科学）」の射程圏の広さをご理解いただけるであろうが、むしろその有効射程の深さ、対象を的確に捉える心理科学の力こそわれわれは誇りたい。

第一号『心理科学研究のフロンティア』（二〇〇六年八月発行）
「チンパンジーとヒトの乳児から見た二次元世界」「運動することによって生じる食物嫌悪学習」「麻薬の心理学研究の基礎と最先端」「においを感じる心のしくみ」「視覚障害とストレス」

第二号『臨床心理科学研究のフロンティア』（二〇〇七年三月発行）
「学校が好きですか？」「学校支援にもっと応用行動分析を！」「心配するということ」

第三号『心理科学の最前線』（二〇一〇年三月発行）
「情報の選択と記憶」「ネズミはうつ病になるか？」「生体信号の『ゆらぎ』を見る」「社会的感情と文化」「母親の幸福度から見た現代の子育て」「心理学から見る日本の家族」

第四号『最先端の心理科学：基礎研究と応用実践』（二〇一一年三月発行）
「聞こえない音に反応する脳」「しなやかで芯のある自己表現」「流暢性を高める学習指導」「子供の機能性視聴覚障害について」

本書の編集にあたっては、今回も井村庸子さんの協力を得た。感謝したい。

八木昭宏（プログラム代表者、関西学院大学文学部名誉教授）
中島定彦（出版企画担当者、関西学院大学文学部総合心理科学科教授）

第1章　時間を見る
――視覚系は短い時間間隔をどうやって処理するか

寺尾将彦

見るということ

私たちは見ることができる。自分の周りにどのような形のものがあり、それがどのような色をして、どこにあり、どのように動いているのかといった身の回りの様々なことを、目を通して知ることができる。そもそも、この文章自体も目を使って読んでいることだろう。

では、目で見るとはどういう仕組みによるのだろうか。もちろん、目の中にものが直接入ってくる訳ではない。目が捉えているのはあくまで「光」である。そうであるとすると、目で見るということはカメラと同じ仕組みなのではと思われるかもしれない。しかし、それは正しくない。確かに、光がフィルムやＣＣＤ素子に捉えられることと目の奥にある網膜に像が映ることは似ている。しかし、網膜では可視光を脳内で処理できる電気信号に変換しているだけなので、網膜に像が映るということだけでは見えるということの何も説明できていない。

見えることの本質は網膜や脳の神経回路における非常に複雑な情報処理過程にある。私たちが普段見ている世界は単に外の世界を写し取ったものではない。網膜からの入力信号に基づいて目の前の世界を脳が推定し復元した結果なのである。この網膜に投影された光情報を基に外界の構造を推定する情報処理システムを視覚系と呼ぶ。

脳は時間情報を扱うのが苦手

世界は時々刻々と変化している。色や形といった物体の性質だけでなく、私たちは世界の動的な変化も目で見ることができる。例えば、外界の動的な変化から視覚系は時間情報（例えば、事象Aと事象Bの間隔、事象Cの長さ、事象Dと事象Eの順序など）が取り出せる。単純に考えると、入力された情報を順番に処理していけばよいだけなので、これは簡単なように思われるかもしれない。しかし、実は脳にとって時間情報を扱うことは非常にやっかいな問題なのである。

脳が時間情報を扱うには少なくとも四つの致命的な問題が存在する。一つは時計の問題である。現在の神経科学の知見において、精度の高い時計と同様の働きをする部位は脳内で見つかっていない。もう一つは通信速度の問題である。神経間の通信にはミリ秒単位の時間がかかる（一ミリ秒は、一、〇〇〇分の一秒）。コンピュータなどにおける電気的信号の伝達速度に比べると、この速度はかなり遅い。例えば、視覚情報が最初に入力される網膜から、視覚情報の初期的な処理が行われる部位までの通信にさえ数十ミリ秒もかかる。三つめの問題は処理過程の速度差の問題である。視覚に関わる脳内の情報処理では運動や色、形といった属性ごとに初期段階で分散して処理を行い、その後それぞれの処理結果を統合する。やっかいなことに、この分散処理過程は属性ごとに処理速度が異なる。そのため、外界では時間差がなくても脳内では時間差が生じてしまうという事態が生じる恐れがある。そして、最後の問題は脳には多数のループ構造が存在するということである。いたる所で繰り返し処理が行われるので、少しの時間情報の消失が深刻な問題になる恐れがある。

これらの問題は網膜での信号入力から知覚が生じるまでに時間的な遅れを生じさせる。それだけでなく、途中の情報処理過程で正確な時間情報を消失させてしまう恐れがある。もし、映像機器の処理時間がこのように不安定であれば、得られる映像はちぐはぐになってしまうだろう。しかし、私たちは時々刻々と変化する物理世界を明瞭にかつ安定して見ることができている。

視覚系は現存する工学的な情報処理システムでは実現できていない時間情報を扱うための独

自の巧妙な情報処理戦略を持っているに違いない。扱う時間の長さ（数十ミリ秒、数百ミリ秒、一秒など）やその対象（時間間隔、持続時間、同時性、時間順序など）に応じて、脳は異なるメカニズムで処理することが近年の研究によって明らかになってきた。脳の時間処理に関する問題は短い時間帯において特に致命的となる。というのも、短い時間帯ではより高い時間精度が必要になるからである。そのことに加え、少しの時間情報の歪みが大きな影響を及ぼす。そのため、どうやって安定して短い時間帯の時間情報を処理するのかは脳にとって非常に難しい課題となる。

ところが、その詳細なメカニズムは現在もほとんどわかっておらず、世界中で精力的に研究が進められている。そこで、著者が関わってきた研究成果を紹介するとともに、視覚系が短い時間間隔情報をどのように処理しているのかについての最新の議論を紹介したい。

目の動きが時間間隔を縮める?

その手がかりとなる研究が二〇〇五年にイタリアの研究者らによって報告された（文献1）。彼女らはサッカードと呼ばれる非常に早い目の動きが行われる直前に二つの帯状の刺激を被験者に瞬間的に見せた。この二つの刺激の出現タイミングには百ミリ秒の時間間隔があった。ところが、被験者にはその時間間隔が約半分の五十ミリ秒に見えたというのだ。

このサッカードと呼ばれる目の動きを行うときには、脳の活動に様々な変化が起きることが知られている。そのため、サッカードによって生じた脳活動のどういった変化が時間間隔を短く感じさせるのかを調べれば、そこから短い時間間隔の処理メカニズムが理解できるはずである。

その有力な可能性の一つがサッカードによる脳活動の処理時間の変化である。脳内にはＭＴ野と呼ばれる部位があり、物体の動きを見るために重要な働きを行っている。サッカードは、そのＭＴ野の処理時間を目が動いていないときよりも速くする作用がある（文献2）。具体的には、ＭＴ野の処理時間は目を止めているときには、約六七ミリ秒であるのに対し、サッカード時には約三十ミリ秒も短くなる。

この処理時間の短縮によってサッカード時に生じる時間間隔短縮現象が説明できると一部の研究者は考えている。つまり、一つめの刺激はサッカードの直前に、二つめの刺激はサッカード中に現れた場合、二つめの刺激の処理時間だけが短くなる。その結果、二つの刺激の時間間隔が実際よりも短くなるという理屈である。確かに、この説明は説得力があり、支持している研究者も多い（サッカードによる時間感覚短縮現象を発見したイタリアの研究者ら自身もこの説を部分的に支持している）。

ただし、今のところＭＴ野の処理時間が短くなれば時間間隔が短く見えるという直接的な証拠はまだ得られていない。加えて、サッカードによる時間間隔の短縮現象は二つめの刺激がサッカード直前に現れても生じるので、処理時間の短縮では説明しきれない。そのため、サッカードによる脳内部位の処理時間の変化による説明にはまだ十分な検証が必要である。

本当に目の動きが必要？

そもそも、サッカードによる時間間隔の短縮現象がどの程度までサッカード特有なのだろうか。直接サッカードが関わるのではなくて、サッカードによって生じる他の原因による副次的なものである可能性も十分あり得るはずだ。

例えば、視覚に関わる脳内の情報処理系統には主に二つの通信経路がある。すなわち、速い時間応答を示す処理系と遅い時間応答を示す処理系である。サッカードを行う際には速い時間応答を示す処理系で処理される信号強度が弱まり、それにともなって見かけの刺激強度も低下する（文献3）。この速い時間応答を示す処理系は情報を速く運べる。そのため、もう一方の遅い時間応答を示す系に比べ脳内で時間情報を扱うのに利用しやすい処理系統であるといえる。加えて、速い時間応答を示す処理系は時間的に短くて変化の大きい刺激に対して感度が高いという特性を持つ。

これらは、速い時間応答を示す処理系が実際に短い時間情報の処理に関わっている可能性があることを示している。そこで、筆者らの研究グループは速い時間応答を示す処理系における信号の強度低下がサッカードによる時間間隔の短縮現象に関わるのかについて調べてみた（文献4）。

実験ではサッカードなしで速い時間応答を示す処理系の信号強度が低下するような条件を設けて、二つの刺激間の時間間隔がどのように見えるのかを調べた。実験では、緑色の背景に帯状の赤色刺激が上下に一回ずつ瞬間呈示された。被験者はその上下の刺激の時間間隔がどのように見えるかを回答した。

見えた時間の長さを定量化するために、被験者には二対の時間間隔を呈示した。一つは、実験的な操作を行う時間間隔で、この時間間隔は百ミリ秒で固定した（以下これをテスト刺激と呼ぶ）。もう一つはテスト刺激の時間間隔がどのような長さで見えているのかを調べるためのものであった。これには、時間間隔が正しく見えるように特別な操作を行わず、様々な時間間隔で呈示された（以下これを比較刺激と呼ぶ）。

被験者はこの二つの時間間隔を見比べ、どちらが長く見えたかを回答した。つまり、テスト刺激と同じ長さに見える比較刺激の長さが実際に知覚されたテスト刺激の長さである。つまり、比較刺激が時計の代わりになるということである。

もし、各操作が時間間隔を短くさせないのであれば、テスト刺激と同じ長さに見える比較刺

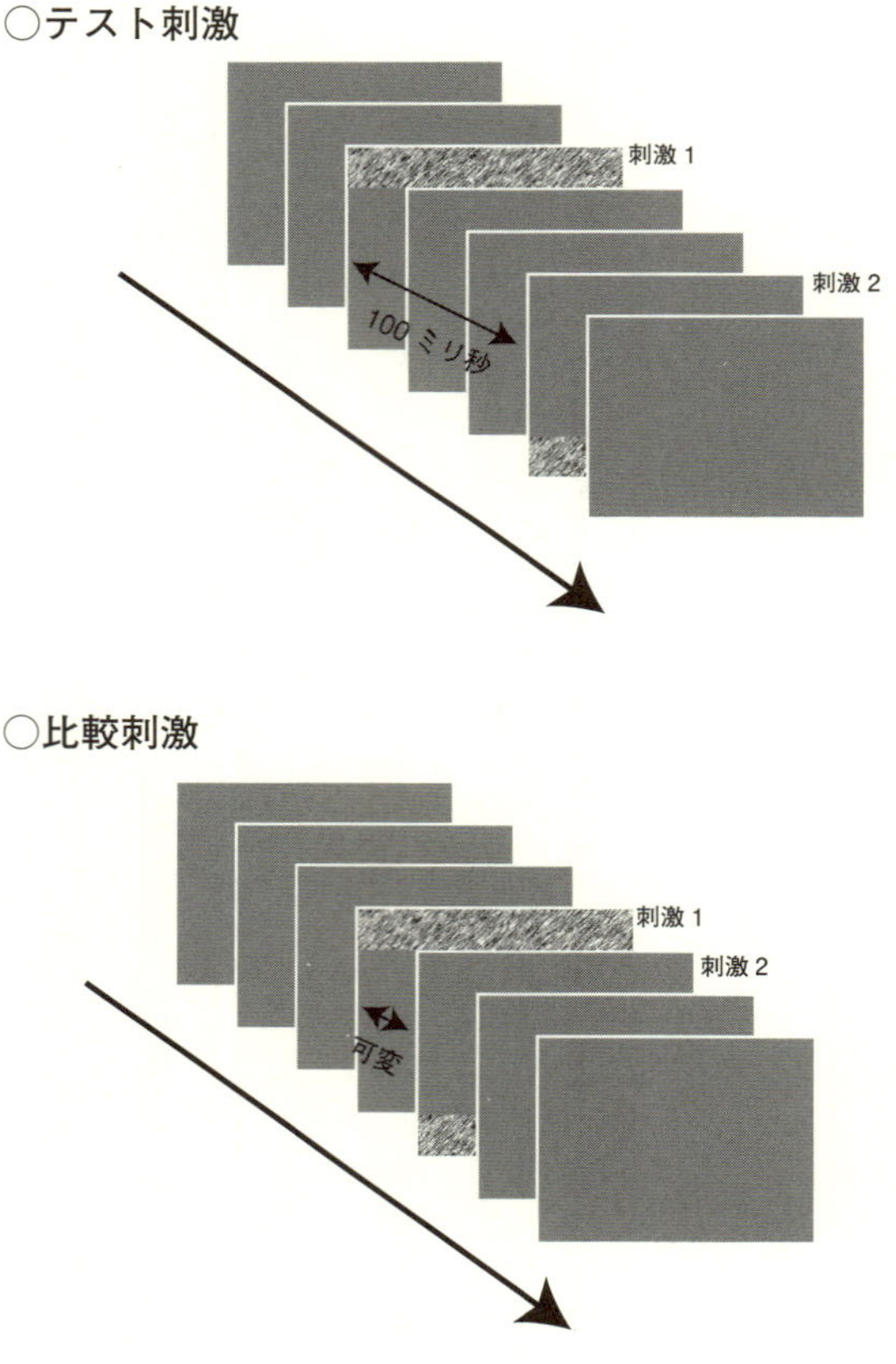

図１　実験刺激の模式図

被験者はテスト刺激の刺激１と刺激２の時間間隔と比較刺激の刺激１と刺激２の時間間隔を見比べ、どちらが長く見えたかを回答した。実際には背景は緑色、刺激１と刺激２は赤色であった。図では模式的に刺激に模様がついているが実際には図のような模様はついていない。

激の長さは実際のテスト刺激の長さと同じであろう。一方、もしそれぞれの操作が時間間隔を短くさせる作用を持つのであれば、同じ長さに見える比較刺激は実際のテスト刺激の呈示時間よりも短くなるはずである。

サッカードを行わないで速い時間応答を示す処理系の信号強度を低下させるために、次の三つの方法が用いられた。以下で説明される操作はテスト刺激にのみ適用された。

一つめの方法は、テスト刺激にノイズを足すという方法である。つまり、ノイズによって赤色刺激に対する速い時間応答を示す処理系の信号処理を妨害するという狙いである。速い時間応答を示す処理系は色の変化よりも明るさの変化に敏感である。この特性を利用して明るさがランダムに変化するノイズを作成した。具体的には二つの赤色刺激が出現する場所と同じ場所の背景の明るさを一秒間の間に百六十回ランダムに切り替えることにより、速い時間応答を示す処理系の赤色刺激に対する信号処理を妨害した。

二つめの方法は赤色刺激の見かけの刺激強度を弱くするというものである。刺激強度そのものを弱くすることによって、ノイズを用いなくても赤色刺激に対する脳内の全処理系の信号強度が低下する。すると結果的に赤色刺激に対する速い時間応答を示す処理系の信号も低下することとなる。

三つめの方法は、そもそも速い時間応答を示す処理系があまり活動しないような刺激をテス

○輝度ノイズ条件

背景は緑色。刺激 1 と刺激 2 は赤色。刺激 1、2 の模様は色の違いを表現するためのもの。

実際の実験時には模様はない。刺激の出現個所の明るさは 1 秒間に 120 回変化する。

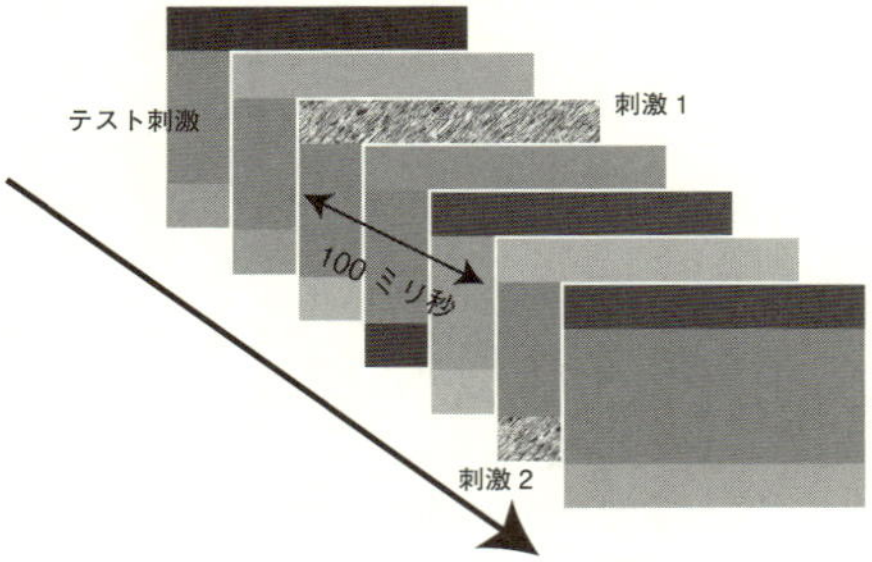

○低コントラスト条件

背景は緑色。刺激 1 と刺激 2 は背景の緑に近い赤色。

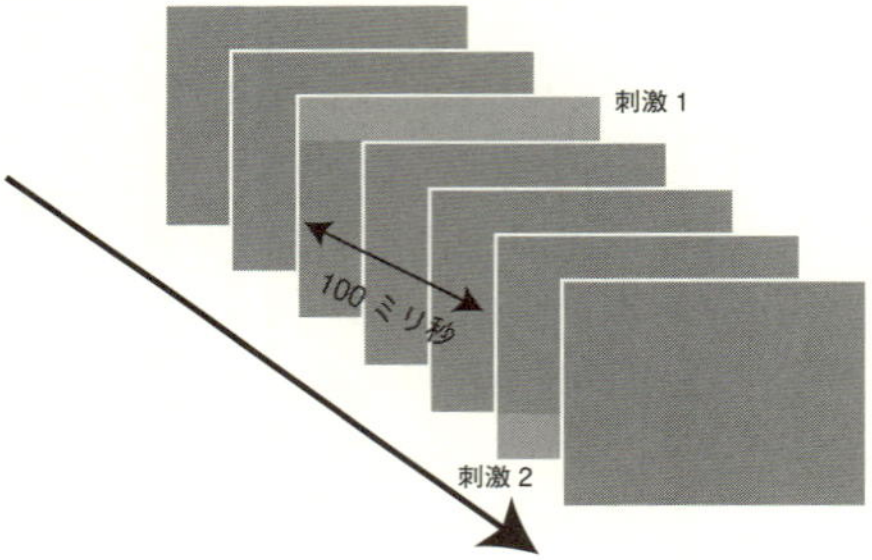

○空間周波数条件

背景は灰色。刺激 1 と刺激 2 は目の細かい正弦波状に明るさが変化する縦縞。

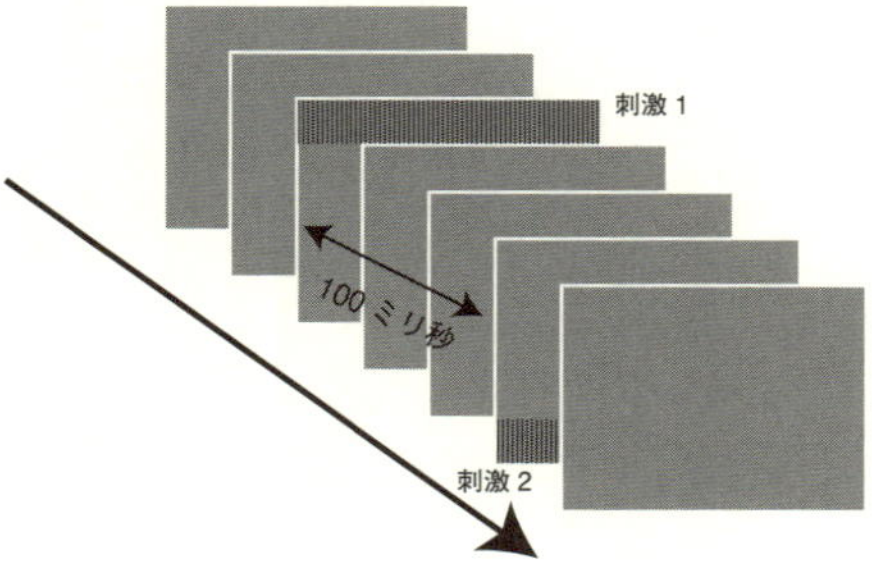

図 2　速い時間応答を示す系の活動を低下させるために実験で用いた 3 つの方法

ト刺激に用いるというものである。具体的には、刺激が持つ空間周波数成分を操作して速い時間応答を示す処理系の活動の程度を操作した。空間周波数とは空間的な周期を持つ構造の性質であり、単位長に含まれる構造の繰り返しの多さを表す。一般的に細かい模様やエッジ、くっきり見える模様などは高い空間周波数成分を多く含む。一方、粗い模様やぼんやりぼやけて見えるものなどは低い空間周波数成分を多く含む。もう少し、イメージしやすい表現を用いれば、目の粗い縞模様は低い空間周波数を、目の細かい縞模様は高い空間周波数成分を含むということになる。

速い時間応答を示す処理系は刺激に含まれる空間周波数成分によって活動の度合いが変わる。速い時間応答を示す処理系は刺激に低空間周波数が含まれるときには強く活動する。一方、高空間周波数では活動が弱くなる。そこで、高空間周波数成分を持つ刺激をテスト刺激に用いた。具体的には、今まで用いてきた赤色の帯状刺激の代わりに正弦波状に明るさが変化する縞模様を呈示した。もし、速い時間応答を示す処理系が時間間隔の短縮現象に関わっているのなら、高空間周波数の縞模様で実際の呈示時間間隔より短く見えるはずである。

これらの三つの方法で時間間隔がどのように見えるか調べた。その結果、目が動いていないにもかかわらず、実際に呈示された時間間隔よりも短く見えることがわかった。さらに、この短く見える現象はテスト刺激の時間間隔が五百ミリ秒以上の長いときには生じなかった。この発見は、外界の短い時間間隔を脳内で復元するためには速い時間応答を示す処理系が重要な役割を担っていることを示している。

時間が短く見えるメカニズム

では、どうして速い時間応答を示す処理系の信号強度が低下すると時間が短く見えるのであろうか？　前述したように、脳が時間情報を扱うにはいくつかの致命的な問題を抱えている。そのため、処理が進むほど時間情報は失われやすくなる。脳内で時間情報がなるべく失われないようにするための一つの解決策として、できるだけ入力に近いところで時間情報を安定化させ、脳内で流通させるという方法が考えられる。つまり、物理的な神経の通信速度で時間間隔を定義するのではなく、脳内でしか利用できない別の情報表現に変換してしまうということである（このような変換を符号化と呼ぶ）。符号化さえしてしまえば、その後の時間情報の処理で神経間の物理的な通信速度を考慮する必要はなくなる。その結果、脳内における時間に関する処理の問題は解消される。

そこで、この脳内の情報処理の早い段階における時間情報の符号化という考えを基に、時間間隔短縮現象のメカニズムを考えてみる。まず、処理過程の比較的早い段階で時間差を検出するようなセンサを考える。この時間差検出センサは速い時間応答を示す処理系で運ばれた二つの信号から時間差を見つけ出し、脳内で安定して使える情報表現に変換する。そして、以降の情報処理ではこのセンサの出力に基づいて外界の時間間隔が推定される。このとき、速い時間応答を示す処理系で運ばれる入力信号が十分に強ければ、時間差検出センサは正確に時間差を見つけることができる。しかし、もし、速い時間応答を示す処理系の信号の強度が弱い場合、時間差検出センサは時間差をうまく見つけることが難しくなる。その結果、実際の時間間隔と見える時間間隔が異なるという現象が生じてしまう。

ただし、速い時間応答を示す処理系の活動が弱まるというだけでは、短く見える現象の説明はできない。というのも、時間差検出センサの出力に基づく時間差の推定が不安定になるだけかもしれないからである。これに関しては、あらかじめ持っている外界の知識を感覚センサの出力に加えて、脳が外界の状態を推定しているという仕組みを追加することで説明できる。

脳は感覚センサからの信号を元に外界の様子を判断する。しかし、感覚センサには内部ノイズが存在するので弱いセンサの信号をそのまま利用すると外界の推定を間違えることがある。できるだけ間違いを少なくするには、センサの出力だけでなく、それまでの経験を知識として考慮してから推定すると間違いが少なくなる。最適な考慮の割合は数学的な理論で表すことができ、これはベイズ推定と呼ばれる。近年、様々な研究で脳がベイズ推定を実際に用いている証拠が発見されてきている。著者たちの研究グループは、時間間隔推定にもこのベイズ推定が用いられていると考えている。時間間隔推定に用いられる知識とは、「二つの事象に時間差はない」というものである。

ベイズ推定を時間間隔推定に組み込むと以下のようになる。まず、速い時間応答を示す処理系の信号低下は時間差検出センサの出力を減少させる。すると、二つの事象に時間的な差があるという証拠が弱くなる。証拠が弱いときには、ある時間範囲内で生じた事象は同時に生じたと判断したほうが外界の時間差を正しく推定できるという知識を加えて、外界の時間間隔を推定する。

センサの出力が十分に強い時にはこの知識の影響を受けにくく、センサの出力に基づいて時間間隔を推定できる。一方、センサの出力が弱い時には知識の影響を受けやすくなる。このようにベイズ推定を組み込むことによって、速い時間応答を示す処理系の信号強度が弱いときに時間間隔が短く見えるようになることをうまく説明できる。

そもそも、事前知識として外界には時間差がないと仮定することが妥当なのかと疑問に思われるかもしれない。著者らのグループは以下の二つの理由から、時間差検出センサの出力が弱いときに、脳が時間間隔を短く見積もることは妥当であると考えている。一つは、外界の変化の証拠が弱いときには外界に変化はないと解釈する方がシステムとしては経済的であることである。もし外界で何かしらの変化が起こったという知らせがない場合には、脳はわざわざ処理

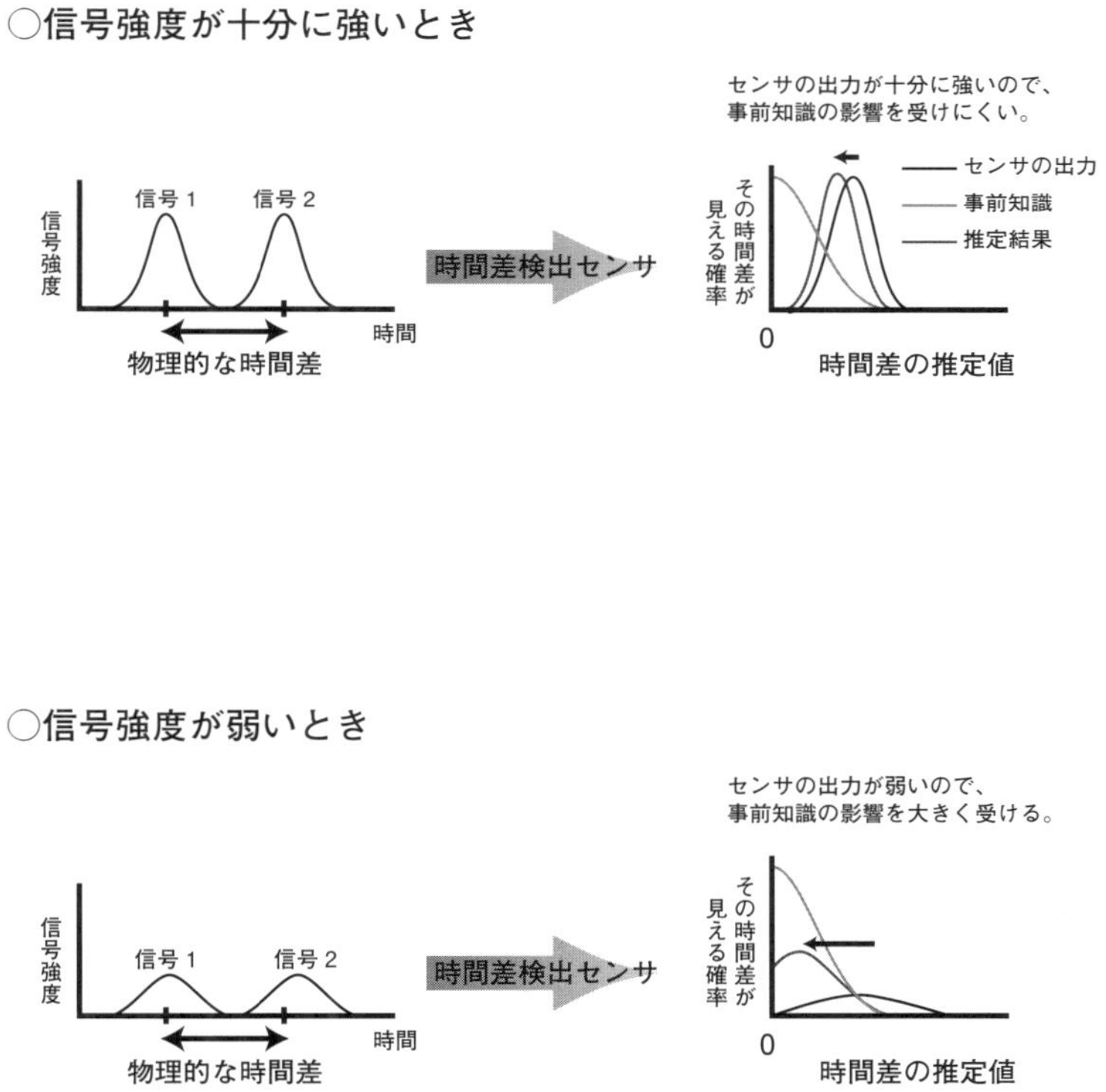

図 3　時間差検出センサの出力と事前知識による時間間隔推定メカニズムの概念図

をしないという考え方である。この考えだと、むやみやたらと処理は行われないのでエネルギーの消費が少なくすむ。そして、もう一つの理由は目で見る世界の大部分はそもそもあまり頻繁に変化しないということである。本書から目を離して、周りを見渡して欲しい。おそらくあまり高頻度には何かしらが変化していることはないと思う。

時間情報処理メカニズムを調べる意義

脳は時間情報を扱うのには問題が多いハードウェアである。その脳がどうやって時間情報を扱っているのかを明らかにするということは、脳の情報処理の基本原理を理解する上で本質的な問題である。

本章では、まず時間応答の速い処理系の活動を弱めると時間間隔が短く見えるという錯覚現象を紹介した。そして、脳は比較的早い処理段階で入力信号の時間差を安定した情報表現へと変換し、入力信号が弱い時には知識も考慮して外界の時間間隔を推定しているという仮説を紹介した。もちろん、仮説で説明できるということと、仮説が正しいということは全くの別のことである。この仮説があっているのか、間違っているのかは今後さらに研究が必要である。しかし、時間応答の速い処理系が時間間隔の推定に関わっていることだけは間違いない。

私たちが見ている時間情報は脳内の信号処理の物理的なタイミングの結果として考えている

研究者は非常に多い。しかし、神経の物理的な速度がそのまま知覚される速度である証拠は何もない。そして、神経の物理的な速度をそのまま知覚する必要も全くない。

そもそも、時間間隔短縮現象を脳内の信号処理の物理的なタイミングの結果で説明するのは難しい。というのも、時間間隔が縮むためには時間間隔を定義する二つの信号のどちらか一方の処理速度が遅くあるいは早くなる必要があるからである。しかし、今回の実験では二つの刺激の両方に信号を弱める操作を加えている。そのため、一方だけ通信速度が歪むとは考えにくい。

では、本当にそのような時間情報の符号化の仕組みが脳に備わっているのだろうか？　残念ながら、現時点ではそう断言できる直接的な証拠は得られていない。確かに、時間情報の符号化の誤りによって生じると考えることで、今回の現象の説明が非常にしやすくなる。加えて、神経間の物理的な通信速度の歪みでは説明が難しい現象は本現象以外にも存在する（文献5）。ただし、それだけでは間接的な証拠でしかない。将来的に時間情報の符号化に関して決定的な証拠が見つかれば、非常にセンセーショナルな発見となることは間違いない。

私たちがどうやって短い時間を見ているのかを研究することは、どのようにして脳が時間情報を扱うのかという未知の問題を解く大きな手がかりを与えるだけでない。例えば、脳の効率的な時間情報の処理方略は通信時間が問題となるような工学システムに対して革新的な解決策を与えることが期待できる。

文　献

1 Morrone, M. C., Ross, J., & Burr, D.(2005). Saccadic eye movements cause compression of time as well as space. *Nature Neuroscience*, *8*, 950–954.

2 Ibbotson, M. R., Crowder, N. A., & Price, N. S.(2006). Neural basis of time changes during saccades. *Current Biology*, *16*, R834-R836.

3 Burr, D. C., Morrone, M. C., & Ross, J.(1994). Selective suppression of the visual magno pathway during saccadic eye movements. *Nature*, *371*, 511-513.

4 Terao, M., Watanabe, J., Yagi, A., & Nishida, S.(2008). Reduction of stimulus visibility compresses apparent time interval. *Nature Neuroscience*, *11*, 541-542.

5 Nishida, S., & Johnston, A.(2002). Marker correspondence not processing latency determines temporal binding of visual attributes, *Current Biology*, *12*(3), 359–368.

第2章 応用行動分析で支援者を支援する
——保育士トレーニングによる地域支援

田中善大

ある保育所で……

お昼寝の時間に五歳児クラス（年長クラス）の担任の鈴木先生が、ひろくんのことで主任の田中先生に相談に来た。鈴木先生がひろくんの対応に困って相談に来たのは、これで何度目だろう。いつも通り、田中先生は、鈴木先生の話を聞いている。鈴木先生の話では、ひろくんは「一日に何度もバカ、ジジイ、ボケと言っている」「座って話を聞くときに、座っていられずウロウロしてしまう」「自由遊びのときに他の子どもとうまく遊べない」……。鈴木先生の話を聞き二人でどうしたらいいか悩んでいると、お昼寝の時間がそろそろ終わりそうである。鈴木先生は、田中先生に話を聞いてもらえてよかったとお礼を言ってクラスに戻る。田中先生は、お礼を言ってもらったけど、また、ひろくんへの支援を提案できなかったことを考え、どうしたらいいかと悩んでいる。「また、困った話を聞くだけで終わってしまった……」。

発達障害

二〇〇三年の文部科学省の調査結果から、小中学校の通常学級内の六・三%の児童が学習面もしくは行動面に著しい困難を抱えていることが明らかになった（文献1）。また、二〇〇七年の厚生労働省の調査では、五歳児検診における注意欠陥多動性障害、学習障害、高機能広汎性発達障害、軽度精神遅滞の出現頻度が、八・二から九・三%であることが報告されている（文献2）。

このような現状を受け二〇〇四年には、発達障害への支援に関する法律である発達障害者支援法が成立した。ここでは、「自閉症、アスペルガー症候群その他の広汎性発達障害、学習障害、注意欠陥多動性障害その他これに類する脳機能の障害であってその症状が通常低年齢において発現するもの」を発達障害とし、発達障害児・者に対する支援について記載されている。この中には、地域の発達障害支援の中心的な役割を担う機関である発達障害者支援センターについても記されている。発達障害者支援センターは、地域の支援体制の充実を図るために、発達障害児・者に対する直接支援だけでなく、支援者（保育士、教員等）の発達支援の専門性を高めるための研修の実施等の間接支援も求められている。

地域の支援体制としては、早期支援に関する体制の整備が重要である。就学前の乳幼児に対して適切な支援を実施することは、保育所や幼稚園での問題だけでなく、小中学校やその後の進路において予想される様々な問題を未然に防いだり、軽減させる予防的な効果も期待される。発達障害者支援センターが、早期支援体制の整備として行うべき事柄の一つに保育士の発達支援に関する専門性の向上がある。多くの子どもにとって、初めての集団場面となる保育所において、保育士から適切な発達支援を受けることは予防的な観点からも大変重要である。これら保育士に対する発達支援向上のための効果的なプログラムの開発は、発達障害者支援センターの急務の課題である。

長年の研究によって、発達障害への効果的な発達支援に関する多くの知見を積み上げてきた学問領域の一つに応用行動分析がある（文献３）。応用行動分析の領域では、発達支援に関する研究に加えて、研究で得られた効果的な支援方法等の知見を現場の教師やスタッフが実践するための支援者トレーニングについての研究も行われている。次節では、この応用行動分析に基づく支援者トレーニングについて紹介する。

応用行動分析

応用行動分析は、対象児・者の行動問題に関して、内的な原因を追及するのではなく、対象児・者とそれを取り巻く環境（周囲の支援者の対応等を含む）との相互作用に注目し、当該の環境を変えることによって、その解決を目指す（図1）。また、相互作用の分析においては、個人の行動（behavior）とその前の環境（先行事象：antecedent）と後の環境（後続事象：consequence）の三つの要素からなる三項随伴性（ＡＢＣ分析）の枠組みを用いる（図2）。例えば、「友だちを叩く」という行動への支援を検討する場合に、叩くという行動だけでなく、叩く前の状況（友だちの関わり、先生の関わり、活動や課題等）と叩いた後の状況（叩くことによる友だちの反応や先生の反応等）にもあわせて注目する。叩く行動がどのような環境のもとで起こりやすいのか（起こりにくいのか）を調べることによって、叩く行動の減少や、叩く行動に代わるより適切な行動の増加をもたらす環境、つまりは、叩くことに対する支援を検討することができる。

このような行動の生起に関わる環境要因を査定するアセスメントとして、機能的アセスメントがある。機能的アセスメントは、行動の生起と機能的に関係している先行事象と後続事象に関する情報収集のプロセスであり（文献4）、このアセスメントを実施することによって、支

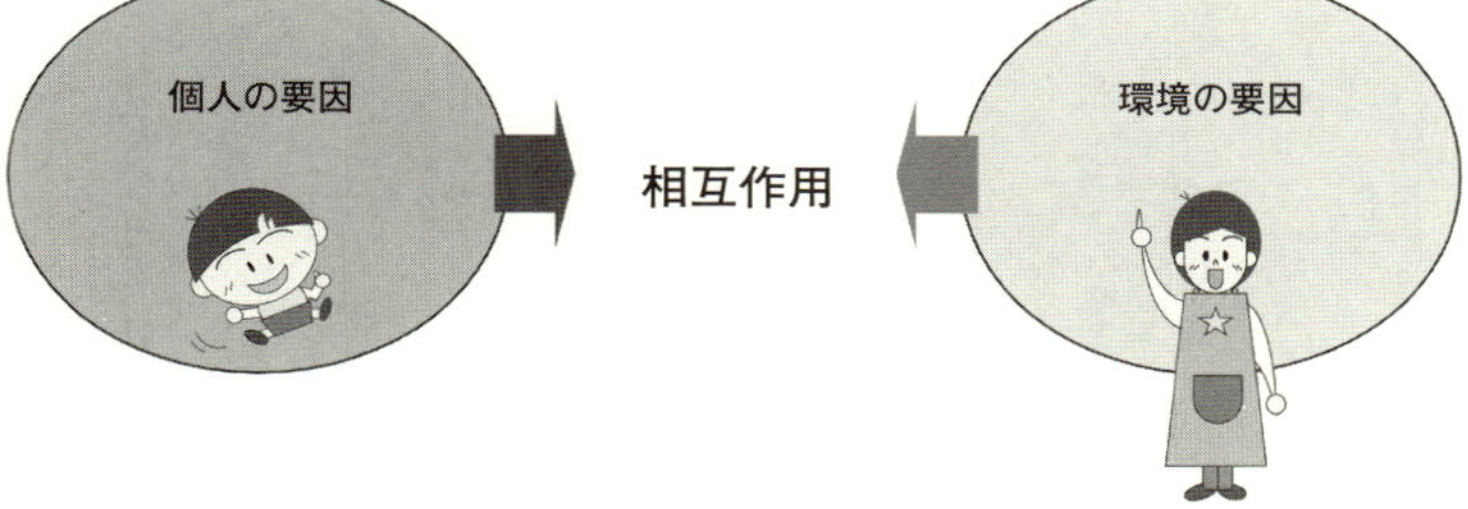

図1　個人と環境の相互作用

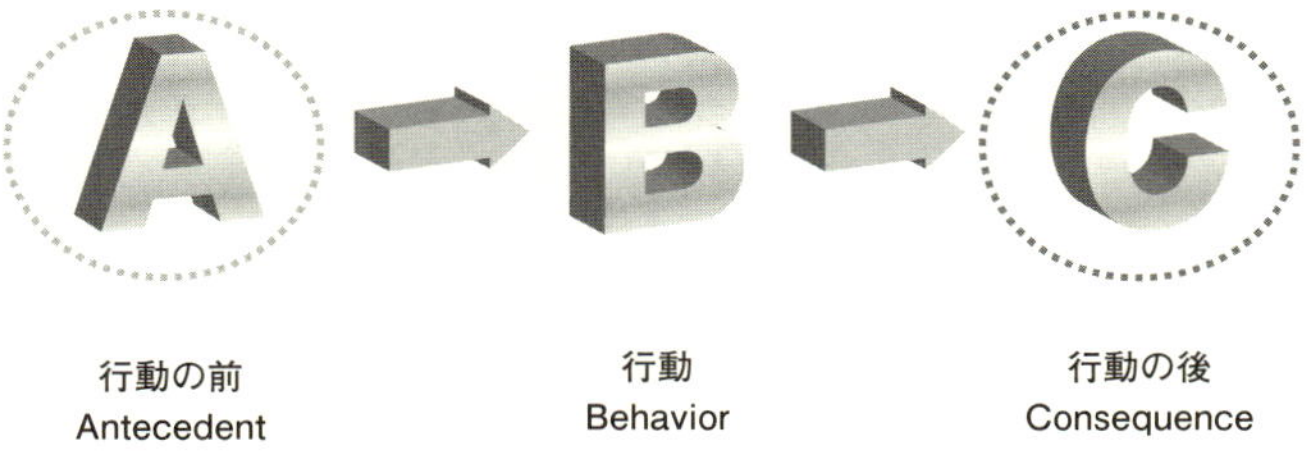

図2　三項随伴性（ＡＢＣ分析）

援の効果が高まることが多くの研究によって明らかになっている（文献５）。

応用行動分析に基づく支援者トレーニング

支援者を対象とした、応用行動分析に基づく発達支援のトレーニングは、教師トレーニングやスタッフトレーニングという分野で多くの研究が行われている。その中では、支援方法だけでなく、機能的アセスメント等のアセスメントや、支援方法を〝自ら考える〟ための〝考え方（問題解決方略）〟といった支援の立案に関するトレーニングも行われ、その効果が示されている。

また、支援方法、アセスメント、支援の立案の全てを包括した支援者トレーニングの研究も行われている。欧米では、包括的な支援スキルのトレーニングを知的障害児・者を対象とする四つの通学地域の一三二名の支援者に対して実施した研究（文献６）や、発達障害者を対象とする州全域三八六名のスーパーバイザー（指導的立場の支援者）に対して実施した研究（文献７）が行われている。これらの研究は、支援者トレーニングによって、地域の多くの支援者の専門性を高めるものであり、地域支援のモデルとなるものである。日本においても、徳島県内の特別支援学校や小中学校を対象とした教師トレーニングが実施され、述べ四百名以上の教員が応用行動分析の包括的な支援スキルのトレーニングを受けている（文献８）。

発達障害者支援センターにおいても、地域支援として、これら応用行動分析に基づく支援者トレーニングの実施は有効なものであることが予想される。特に、地域の早期支援体制の整備という点で、保育士を対象に研究を進めることが望まれる。次節では、筆者らが行った保育士を対象とした支援者トレーニングの研究について紹介する。

応用行動分析に基づく保育士トレーニングによる地域支援

筆者らは、神戸市の発達障害者支援センターにおいて、二〇〇七年度から二〇一〇年度にかけて主任保育士等の指導的立場の保育士を対象とした応用行動分析の包括的な支援スキルの研修プログラムの開発、実施及び、その効果についての検討を行ってきた。神戸市は人口約一五四万人を抱える政令指定都市であり、九つの区から構成されている。神戸市の発達障害者支援センターは、二〇〇七年度に開設された。二〇〇八年四月における神戸市の保育所数は、公立保育所が七三、私立保育園が一一六の計一八九であった。また、保育所に入所している園児数は、公立保育所が六、九二三名、私立保育園が一一、七五四名の計一八、六七七名であり、保育士の総数は公立保育所、私立保育園合わせて二、三七九名であった。公立保育所の保育士を対象とした調査の結果から、障害児保育の認定を受けていないが発達の気になる園児は、通常保育児の九・八％であることが示された。

筆者らが行った研修プログラムは、主任保育士等の他の保育士に対して助言等を行う指導的立場の保育士を対象としていた。園内で指導的立場にある保育士を対象とすることによって、研修に参加した保育士から他の保育士へ研修プログラムに基づく助言が提供される等の波及効果が期待される（図３）。研修の参加者だけでなく、参加者を通じて園内にプログラムの効果が波及的に広がることによって、地域のより多くの支援者の発達支援の向上をもたらすことが可能となる。研修プログラムの効果については、プログラムの参加者の支援行動に加えて、参加者から助言を受ける立場の保育士の支援行動や、対象となる園児の行動についてもあわせて検討することによって、園内への波及効果を検討した（図４）。

研修プログラムは、全四回（一回三時間から三時間半）で構成されており、二〇〇七年度と二〇一〇年度は一シリーズ、二〇〇八年度と二〇〇九年度は二シリーズ実施した。全六シリーズで合計九七名の指導的立場の保育士がプログラムに参加した（図５）。全保育所数（二〇〇八年度）が一八九であったことから、四年間で約半数近くの園に研修プログラムに参加した保育士を配置することが可能であったといえる。また、公立保育所数七三に対して、二〇一〇年度までの公立保育所の主任保育士の参加者数は六三名であり、四年間で神戸市のほとんどの公立保育所に研修プログラムに参加した保育士を配置することが可能であった。

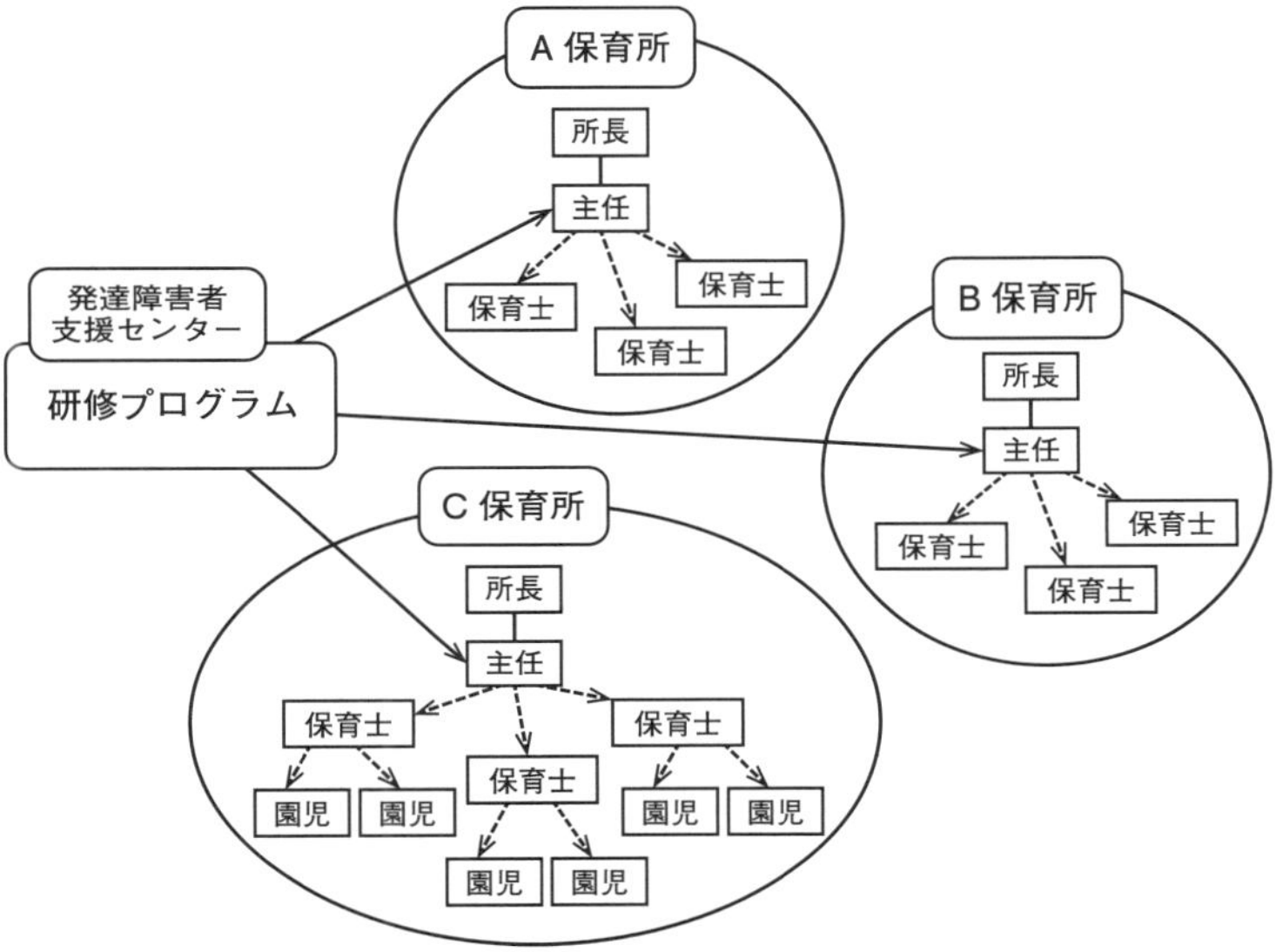

図３　主任等の指導的立場の保育士を対象とした研修プログラムの波及効果
図中の実線矢印は研修プログラムの直接の影響を示し、点線矢印は波及効果を示した。

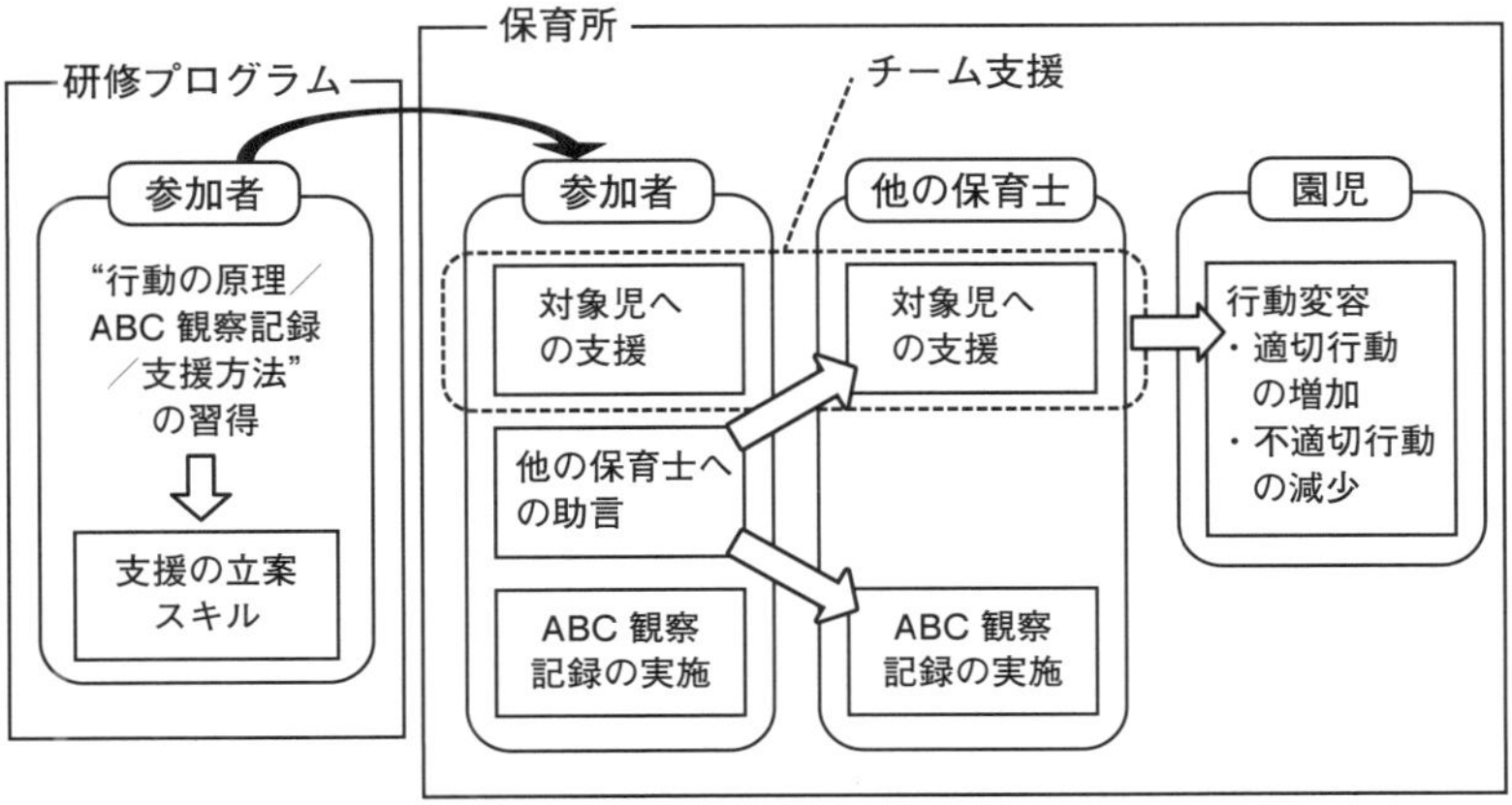

図４　研修参加者による保育所内への効果

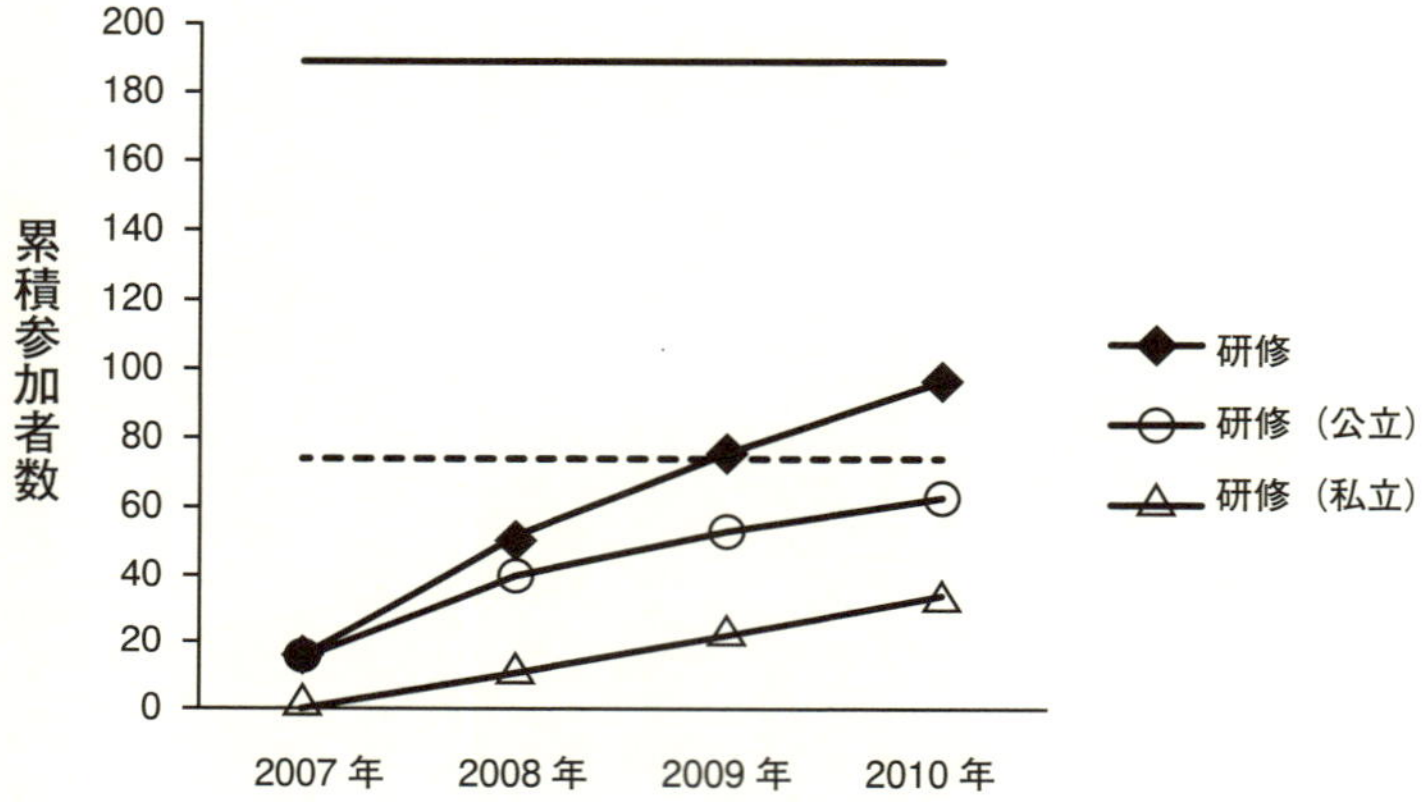

図5　研修プログラムの累積参加者数

図中の実線（横線）は2008年度の神戸市の全保育所数（189）を、点線（横線）は公立保育所数（73）を示した。

応用行動分析に基づく研修プログラム

全四回の研修プログラム（文献９）では、機能的アセスメントの一つであるＡＢＣ観察記録を実施し、記録に基づく支援の立案、実施を行った。この中で、**①園児の行動とその前後の状況（周りの人の対応を含む）をできるだけ具体的に観察すること、②園児の適切な行動を積極的に見つけて強化していくこと、③支援立案の際には気になる行動・困った行動を減らすことよりも望ましい行動を増やすことに焦点をあてることについて**参加者に指導した。参加者は、各自一名の対象園児を取り上げ、研修の中でＡＢＣ観察記録に基づく事例検討を行った。第一回から第三回までは、一週間毎に研修を実施し、次回の研修までに園で対象園児のＡＢＣ観察記録を行うことが毎回の課題となっていた。第三回で支援方法の立案を行い、その後二～四カ月間各自の保育所で立案した支援を実施した後、第四回で支援の経過報告を行った（表１）。なお、第三回と第四回の研修の間に、希望のあった参加者の保育所に筆者が巡回相談を実施し、実地に助言、フィードバックを行った。

ここから、本章の冒頭に出てきた田中先生が全四回の研修に参加した場合を例にとって研修内容の説明を行う。第一回の研修で、田中先生は、応用行動分析の基礎的な知識やＡＢＣ観察記録の実施方法の指導を受け、その後、対象園児ひろくんについて研修で取り上げる行動（標

表1　各回の研修のテーマ、講義内容、演習内容及び園での課題

	テーマ	講義内容	演習内容	園での課題
第1回（3時間）	行動の原理	・行動の分類（増やしたい行動、減らしたい行動、今のままでいい行動） ・具体的な行動に注目する ・三項随伴性（ABC分析） ・行動の原理（強化、弱化） ・支援のABC ・言語称賛のポイント ・先行刺激 ・ABC観察記録の表記方法 ・標的行動の記録	・具体的な行動を記述する ・シェーピング（子どもの「○」を探す） ・【事例検討】標的行動及びその記録方法の決定	・ABC観察記録 ・標的行動の記録
第2回（3時間）	行動の機能と機能に基づく支援	・行動の機能（要求、注目獲得、逃避･回避、自己刺激） ・機能に基づく支援（代替行動の指導、課題分析） ・課題分析 ・指示の工夫／観察のポイント（指示）	・課題分析（靴下を履く）	・ABC観察記録 ・標的行動の記録 ・他の保育士と行動の理由･適切行動･課題分析を考える
第3回（3時間）	行動の機能に基づく支援	・消去・分化強化 ・予防的な支援 ・機能に基づく支援（他行動分化強化、代替行動の指導）	・【事例検討】支援方法の立案	・支援の実施 ・ABC観察記録 ・標的行動の記録 ・アイディアシート
第4回（3時間）	支援の経過報告		・【事例検討】支援の経過報告	

的行動）一つを決定した。田中先生は、鈴木先生から相談を受けていたひろくんの様々な困った行動の中から「一日に何度も暴言（バカ、ジジイ、ボケ等）を言う」ことを研修で取り上げる標的行動とした。

なお、表2には、二〇一〇年度の研修で取り上げられた行動を示した。二〇一〇年度の研修の参加者は二一名で、各参加者が一名の園児を事例検討の対象として取り上げていた。表2から、様々な行動が研修プログラムの中で取り上げられていることがわかる。その中でも、暴力（四名）に関する行動を取り上げる参加者が、他の行動を取り上げる者よりも多かった。

第二回の研修で、田中先生は、ABC観察記録を基に標的行動がどうして起こるのか（起こらないのか）という行動の理由、言い換えると

表２　研修で取り上げた行動とその分類

参加者	取り上げた行動	分　類
＃１	ひっくり返す	物を投げる・落とす
＃２	ルールのある遊びの中でつまづきがある（ルールがわからない、ルールを守れない、友だちの訴えがあった、物を取る、手足が出る）	ルールを守る 暴力
＃３	全体指示で動く	指示従事
＃４	全体指示で行動する	指示従事
＃５	部屋を飛び出す	飛び出し
＃６	その時の機嫌によって活動に参加しない	活動参加
＃７	保育士にダメと止められても止めず泣き叫ぶ（抱いても嫌がって暴れる）	泣く
＃８	高い所に登る	高い所に登る
＃９	並んで入室する	切りかえ
＃10	友だち、先生への暴力（叩く、ぶつかる、押す）、物を取る・潰す	暴力 物を取る
＃11	泣く（母子分離、行動の移行時）	泣く
＃12	あいさつを否定せずにする	あいさつ
＃13	トイレに行って排泄をする	トイレ
＃14	友だちを叩く、大声を出す	暴力・大声
＃15	泣く、ぐずる	泣く
＃16	順番を守る（順番を抜かす、次の人に代われない）	順番
＃17	暴力	暴力
＃18	フォークを使って食事をする	食事
	→【変更後】給食の片付けをする	食事
＃19	部屋から飛び出す	飛び出し
	→【変更後】友だちとのトラブル	友だちとのトラブル
＃20	おもちゃを片付けて、部屋に入室し、食事の準備に入る	切りかえ
＃21	フロアーに座ってお話を聞く	活動参加

行動の機能（働き）を検討する方法について学んだ。その後、対象園児の行動の理由を考えるグループワークが行われた。この中で、田中先生は、前回の研修後、保育所で行ったひろくんのＡＢＣ観察記録（図６）をグループの他の先生に見せながら、行動の理由を検討した。ＡＢＣ観察記録（図６）の暴言（「ボケ」等）の後に、担任の鈴木先生が側に来て声かけしていることや、調理師の先生が笑って答えてくれていること等から、「暴言がコミュニケーションになっている」「何をしていいかわからない」等の行動の理由が講師や他の参加者から指摘され、田中先生も暴言がどうして起こるのか、その理由がわかってきた。

第三回の研修で、田中先生は、いよいよＡＢＣ観察記録に基づく支援の立案方法について指導を受けた。ここでは、困った行動を減らすことよりも望ましい行動を増やすことに焦点をあてること、困った行動が起こる前の予防的な支援を検討することを学んだ。田中先生は、研修を受ける中で、ひろくんの暴言を減らすことよりも、暴言に代わる適切な行動を考えるようにした。ひろくんが、調理師の先生とコミュニケーションを取りたいなら、暴言以外の形でコミュニケーションを取ることが大切であり、第一ステップとしては、調理師の先生に「おはよう」と言うことを目標にしてもいいかもしれないと考えた。また、ひろくんが暴言を言う前の予防的な支援を考える中で、田中先生は、毎朝、自分（田中先生）や担任の鈴木先生が一緒にひろくんと調理室にあいさつに行き、暴言を言う前に、「おはよう」と見本を見せるという支

行動の前の状況（A）	行　動（B）	行動の後の状況（C）
〔調理室・朝・自由遊び〕 他児：園庭で遊んでいる	特に何をして遊ぶでもなく、ウロウロしている。 ↓ 調理室をのぞきに行き、ドアをあけて「ボケー」と言う。	鈴木先生：「『ボケ』じゃないよ!!『おはよう』っていうねん」
〃	無言で走って逃げて、遠くから様子をうかがっている。 すきを見ては、調理室に行き「ボケ、ジジイ」と言う。	調理士：「ボケですよー」と笑って言う。
〃	何も言わずに走っていく。	

図６　ひろくんの暴言の ABC 観察記録
対象児：ひろくん　担任：鈴木先生

援を行うことにした。田中先生は、第三回の研修の後、保育所に戻って担任の鈴木先生に研修の内容とそこで考えた支援を提案し、さっそく二人で実施することにした。

　第四回の研修は、各参加者が行った支援の経過報告であった。研修の中で田中先生は、支援を行うことによって「調理室でバカ、ジジイ等と言わずにあいさつができるようになり、最近では『今日のご飯何?』と聞くようになった」「バカ、ジジイ等の暴言は、大幅に少なくなった（一日一〜二回、言わない日もある）。」「保育士に対して本児から要求等を（短い言葉ではあるが）伝えるようになった。……『〇〇せんせ、おしっこ』『ママ来た。さようなら』」こと等を報告した。

応用行動分析に基づく研修プログラムの効果

応用行動分析に基づく研修プログラムの効果は、二〇〇八年度の研修プログラムで、参加者の支援行動について質問紙調査を実施し、検討を行った（文献10）。参加者の支援行動として、研修の受講前と受講後に、研修のために作成した事例（共通事例）に対する支援の立案スキルと、対象園児に対する保育所での支援について記述式の質問紙調査を実施し、その分類を行った。その結果、研修受講後に、支援の立案スキル（図7）、園での支援（図8）ともに、支援全体について、回答数の増加が見られ、その中でも特に行動の後（C）の対応である言語称賛等の研修に基づく適切行動への対応（強化）が増加していた。これに加えて、園での支援では、課題や活動内容の工夫等の行動の前の対応・工夫（A）について研修受講後に増加が見られた。これらの結果は、ABC観察記録を含む研修プログラムの受講によって、参加者が、園児の行動（B）に対して、行動の前の対応・工夫（A）と行動の後の対応（C）が重要であるという機能的な視点と、行動問題を未然に防ぐための適切行動の増加という予防的な支援の視点を獲得したことを反映したものであると考えられる。

二〇一〇年度の研修プログラムでは、研修プログラムの波及効果として、他の保育士の支援行動、対象園児の行動についても検討を行った（文献11）。他の保育士の支援行動について

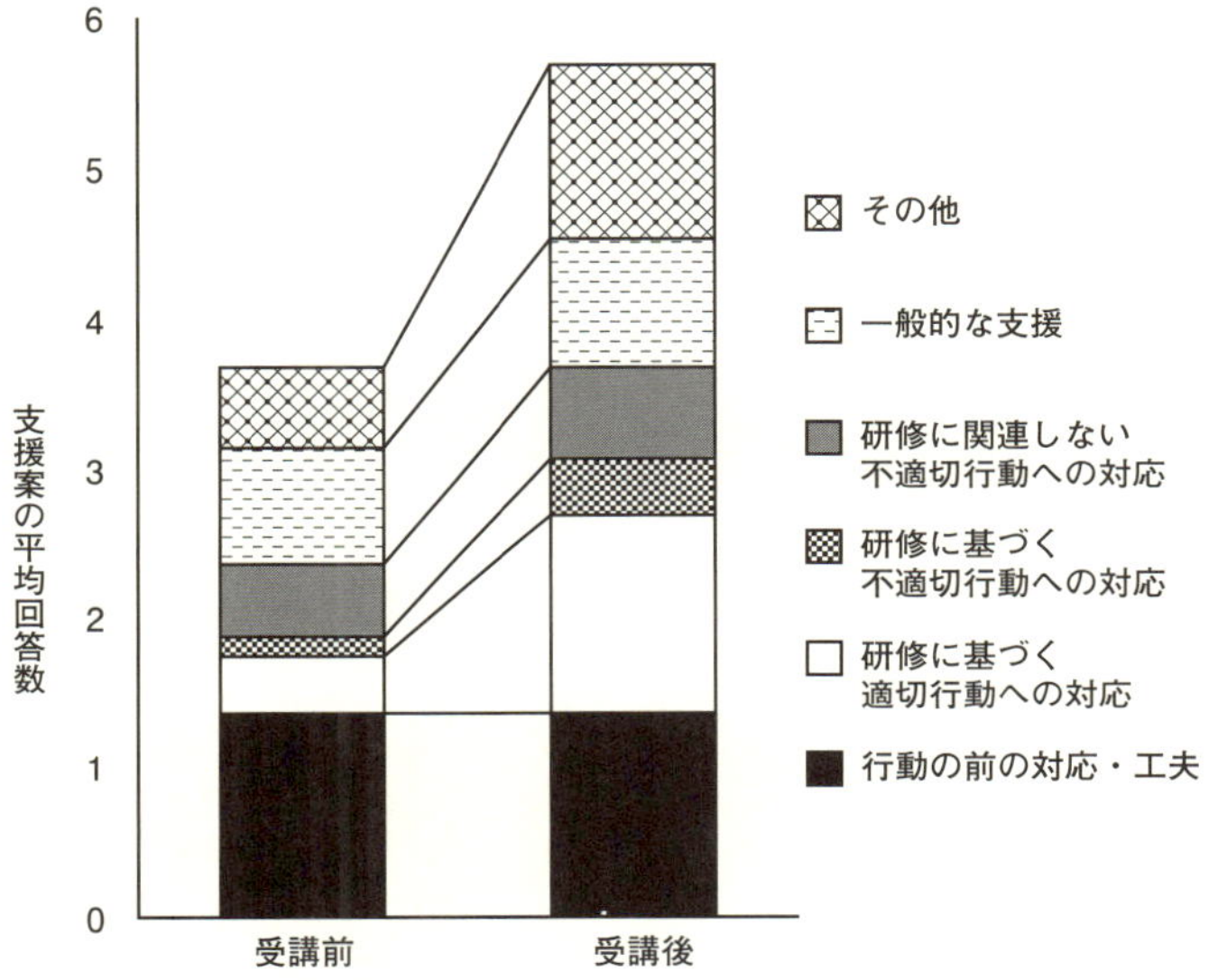

図7　研修受講前、受講後における共通事例に対する支援案の参加者一人当たりの平均回答数

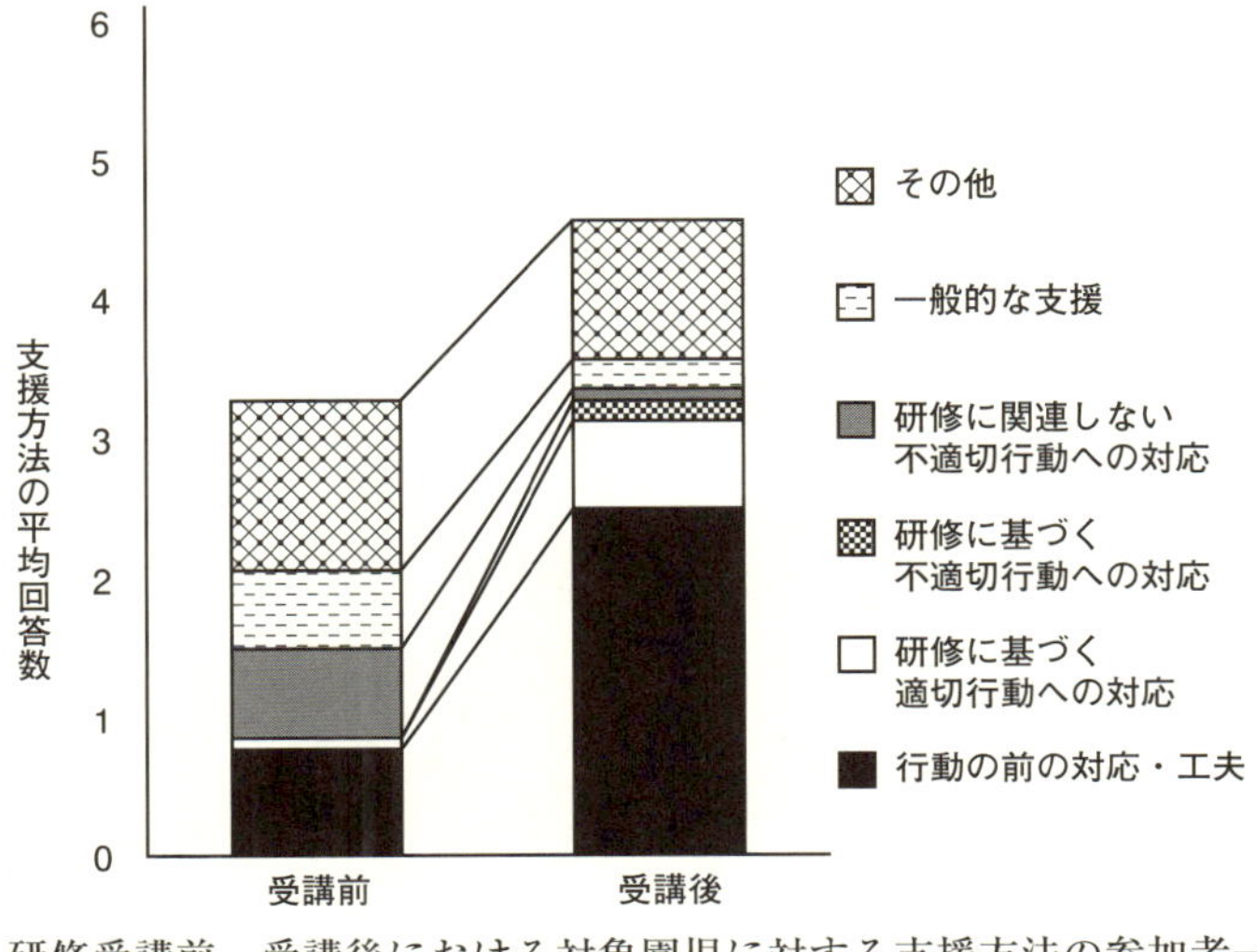

図8　研修受講前、受講後における対象園児に対する支援方法の参加者一人当たりの平均回答数

は、研修に参加した三園の参加者の園で、他の保育士（全六名）の適切行動に対する言語称賛について行動観察を実施した。その結果、六名全ての言語称賛が研修受講前から受講後にかけて増加していた（図9）。

対象園児の標的行動については、各園で参加者及び他の保育士によって実施された標的行動の記録の第一週目と最終週の平均値の比較を行った。その結果（図10）、記録に不備がなく分析の対象となった一八園中一三園（七六・五％）の記録において対象園児の行動の改善が確認された（表3）。

これらに加えて、二〇〇八年度から二〇一〇年度の研修に参加した七五名の保育士を対象に実施した質問紙調査の結果、他の保育士によるＡＢＣ観察記録の実施率は五四・七％（四一名）であり、研修参加者の約半数の保育所では参加者以外の保育士もＡＢＣ観察記録を実施したことがわかった。

参加者に対する効果に加えて、参加者から助言を受ける他の保育士や対象園児に対する効果を確認できたことから、研修プログラムが園内に波及的な効果をもたらすものであることがわかった。また、このような波及的な効果を持つことは、地域全体の発達支援の向上にとって重要なものであり、発達障害者支援センターが効果的な地域支援として実施すべきプログラムであることを示している。

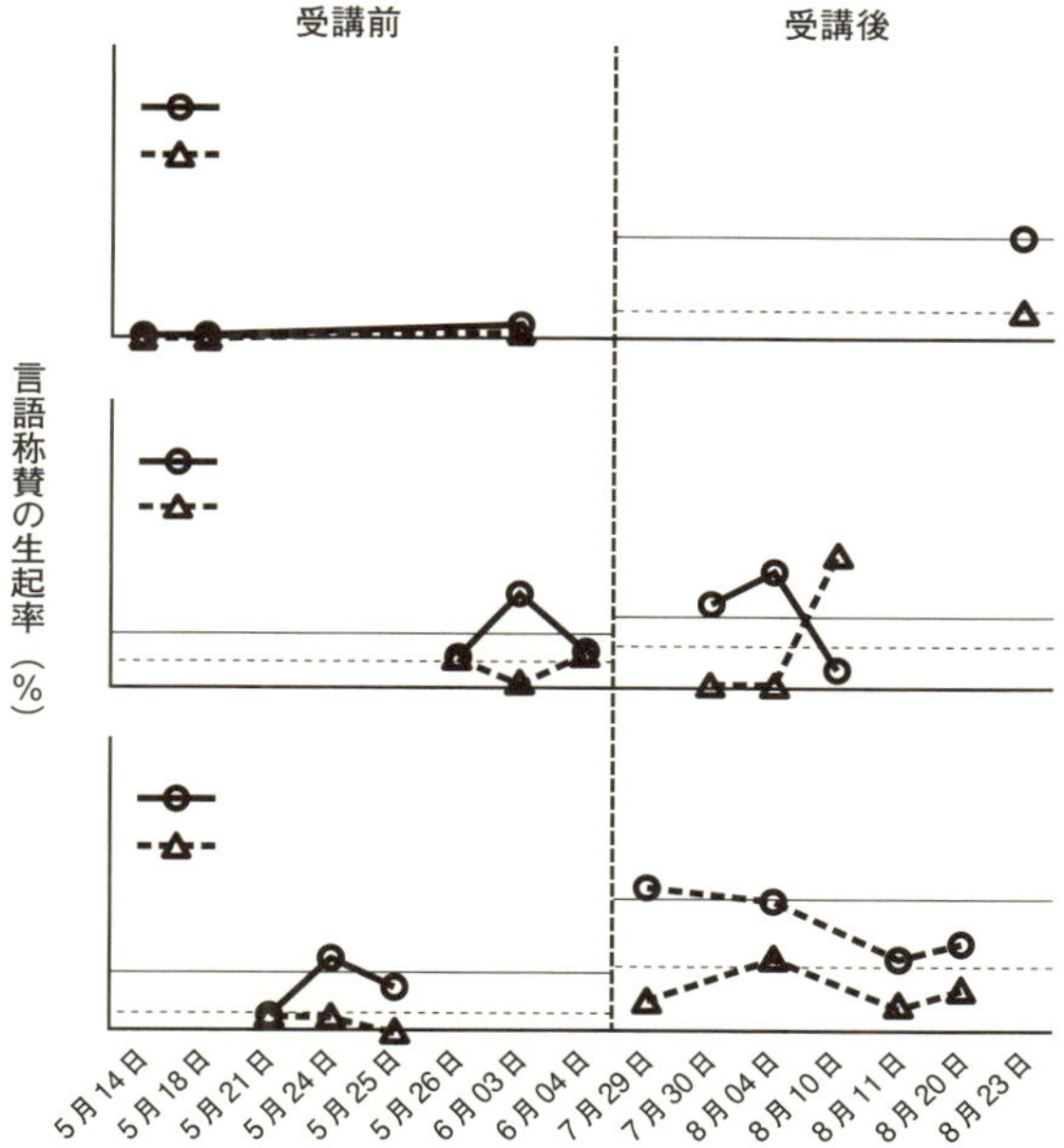

図９　研修受講前、受講後における参加者から助言を受ける立場の担当保育士（6名）の適切行動に対する言語称賛の生起率（%）

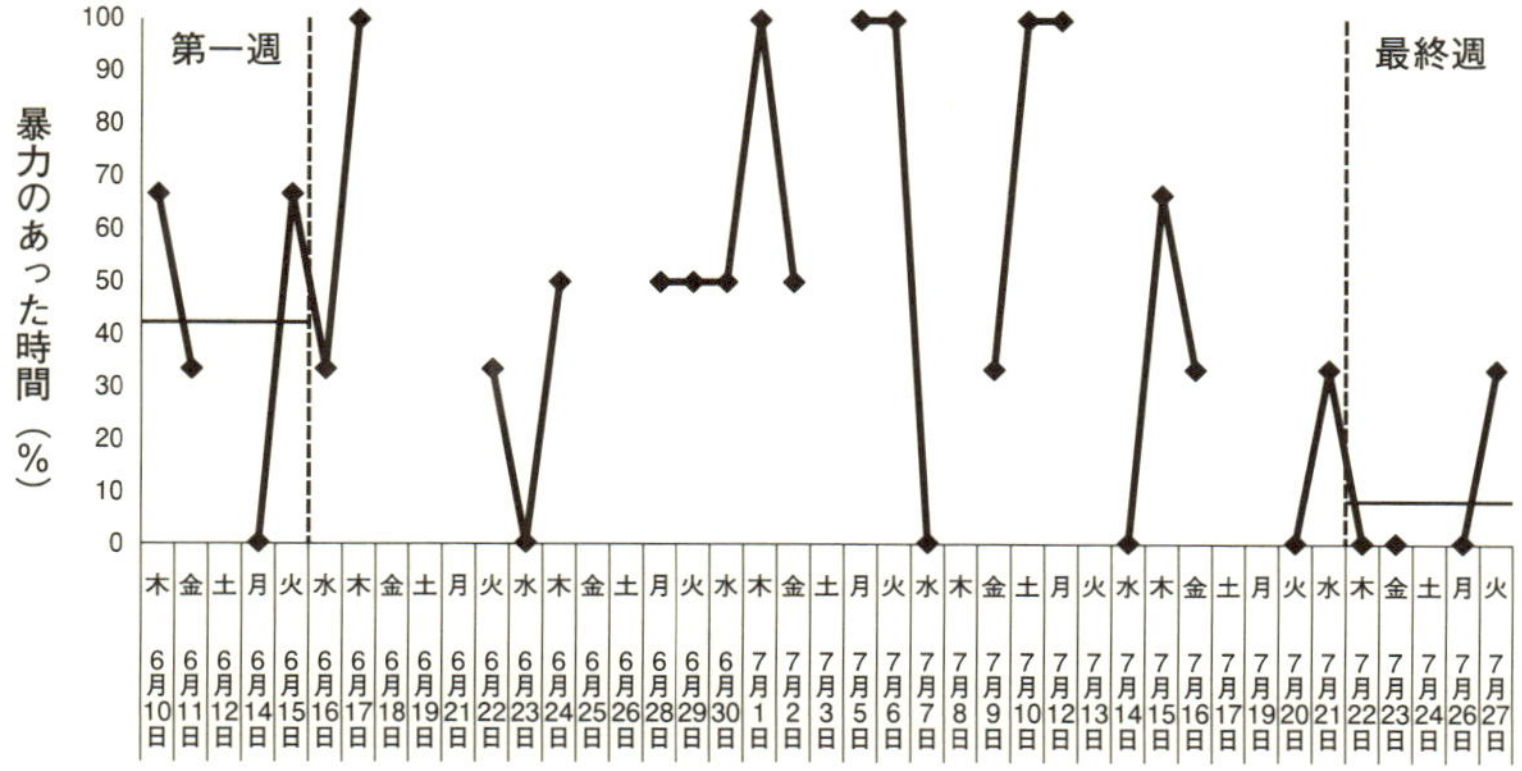

図10　改善（不適切行動の減少）が見られた一名の参加者の標的行動の記録

横線は、第一週と最終週の平均値を示した。暴力のあった時間（%）は、1日を3分割（午前、給食、午後）して算出した。

表3　保育士による標的行動の記録に基づく改善数及び改善率

	記録数（園）	改善数（園）	改善率（%）
標的行動全体	18	13	72.2
適切行動	10	7	70.0
不適切行動	8	6	75.0

ある保育所で……（その後）

主任の田中先生は、発達障害者支援センター主催の応用行動分析の研修プログラムに参加し、ＡＢＣ観察記録を行い、行動の理由・機能を検討する中で、ひろくんへの有効な支援を考え、担任の鈴木先生に提案することができた。どうしていいかずっと悩んでいたひろくんへの支援が見つかり、鈴木先生は最近とても元気な様子である。まだまだできないことも多いひろくんであるが、鈴木先生は最近ひろくんへの支援をいろいろ試している。うまくいかないこともあるが、ひろくんのできることが増えるように、どんな支援が必要かを考え、試し、ひろくんのできなかったことより、できたことを積極的に見つけて、それを田中先生に報告しに来ることが増えてきた。鈴木先生もひろくんもこれで一安心と思っていた田中先生のところに、四歳児クラスの担任の上戸先生がすすむくんのことで相談に来た。田中先生は、上戸先生の話を聞きながら、ＡＢＣ観察記録を用意するのであった。

文献

1 文部科学省「『通常の学級に在籍する特別な教育的支援を必要とする児童生徒に関する全国実態調査』調査結果」二〇〇三年三月二八日。
http://www.mext.go.jp/b_menu/shingi/chousa/shotou/018/toushin/030301i.htm

2 厚生労働省『軽度発達障害児に対する気づきと支援のマニュアル』二〇〇七年。

3 山本淳一・澁谷尚樹「エビデンスにもとづいた発達障害支援：応用行動分析学の貢献」、『行動分析学研究』、第二三巻、二〇〇九年、四六―七〇頁。

4 O'Neill, R. E., Horner, R. H., Albin, R. W., Sprague, J. R., Storery, K. S., & Newton, J. S. (1997) *Functional assessment and program development for problem behavior: A practical handbook.* Brooks/Cole Pub. 茨木俊夫・三田地昭典・三田地真実『子どもの視点で考える問題行動解決支援ハンドブック』、東京：学苑社、二〇〇三年。

5 平澤紀子「発達障害者の行動問題に対する支援方法における応用行動分析学の貢献―エビデンスに基づく権利保障を目指して―」、『行動分析学研究』、第二三巻、二〇〇九年、三三―四五頁。

6 McClean, B., Dench, C., Grey, I., Shanahan, S., Fitzsimons, E., Hendler, J., & Corrigan, M. (2005). Person focused training: a model for delivering positive behavioral supports to people with challenging behaviors. *Journal of Intellectual Disability Research, 49*, 340-352.

7 Reid, D., Rotholz, D. A., Parsons, M. B., Morris, L., Braswell, B. A., Green, C. W., & Schell, R. M. (2003). Training human service supervisors in aspects of PBS: Evaluation of statewide, performance-based program. *Journal of Positive Behavior Interventions, 5*, 35-46.

8　島宗理「学校教育を改善する情報システムと行動システム」、『行動科学』、第四八巻、二〇〇九年、二三―三六頁。

9　田中善大・神戸市発達障害ネットワーク推進室『発達支援のためのチャレンジブック』、神戸市発達障害ネットワーク推進室、二〇一一年。

10　田中善大・三田村仰・野田航・馬場ちはる・嶋崎恒雄・松見淳子「応用行動分析の研修プログラムが主任保育士の発達障害児への支援行動に及ぼす効果の検討」、『行動科学』、第四九巻、二〇一一年、一〇七―一一三頁。

11　田中善大・馬場ちはる・鈴木ひみこ・嶋崎恒雄・松見淳子「保育士を対象とした行動的支援の研修プログラムの効果：発達障害者支援センターにおける地域支援として」、『日本行動分析学会第29回年次大会発表論文集』、二〇一一年、三七頁。

※　なお、本章に登場する田中先生の事例は、神戸市から発行された『発達支援ためのチャレンジブック』に記載された事例の一部を、名前を仮名に変える等の変更を行って再録したものである。なお、『発達支援のためのチャレンジブック』は、神戸市発達障ネットワーク推進室のホームページ（http://www.city.kobe.lg.jp/child/grow/network/siryo.html）からも閲覧可能である。

第3章 なぜ、心理テストで性格がわかるのか

――ものの見方と性格の関係

安田　傑

色・形問題

この章では、心理テストで性格がわかる仕組みの一部を解き明かしてみたい。とはいえ、タネが明かされた心理テストほど無意味なものはない。そこでタネを明かす前に、読者には実際に心理テストを試していただきたい。次ページの上部には、左側に一つ、右側に二つの図が示されている。このうち、左側の図（見本図）は、右側の図ａと図ｂのどちらと、より似ていると感じるだろうか？　ページ下部の本文には結果が解説されているので、ぜひ、本文を読む前にどちらか一方を選んで欲しい。

図1　左の見本図と似ているのはａとｂのどっち？

図1のような問題は「色・形問題」と呼ばれ、百年以上にわたって広く研究されてきた歴史ある心理テストである。見ての通り、図ａは左の見本図と色だけが同じ「同色図」で、図ｂは形だけが同じ「同形図」である。そのため、色・形問題は長らく、「色と形のどちらに反応しやすいか」に基づく心理テストと考えられてきた。

ところで、色・形問題に関する様々な研究をまとめてみると、どうやら次のような結果が得られているようである（文献1）。読者は、自らの性格とテスト結果とを比べてみて欲しい。あたっていただろうか？

図ａ（同色図）を選んだ人：「色反応型」

独創的で柔軟な視点・発想が得意。自己中心的な行動が多い。子どもが選びやすい。

図ｂ（同形図）を選んだ人：「形反応型」

型にはまったところがあるが、効率的な視点を持つ。精神的に安定している。成人が選びやすい。

それにしても、どちらの図が似ているか選択するだけで性格がわかるとは、いかにも神秘的で、心の不思議さを反映しているかのようではないか。不思議なことがあれば、徹底的に研究するのが、学問の世界である。特に、神秘的に思える心理テストの仕組みを理論的に説明できるようになれば、心の仕組みを理論的に解明することに近づけそうである。

心理テストを科学的に追究するのには、別の理由もある。それは、心理テストが、医療や裁判の現場で用いられることと関連する。どちらの現場でも、人生を左右する重大な判断（診断・判決）が行われるが、その判断の材料として心理テストが利用されている。この現代社会において、人生を左右する使われ方をする心理テストに明確な根拠がなくてよいわけがない。人の心を全て科学で説明するのは困難であるが、少なくとも心理テストの結果により人生が左右される可能性があるなら、その分析結果の根拠は科学的に説明が可能でなければならないはずである。そうでなければ、テストを受ける人も結果に納得できないだろう。それでは、この「色・形問題」は、医療や裁判の現場でどの程度用いられているのであろうか？　実際には、先ほどのテストがそのまま出題されることはない。ただし、投映法と呼ばれる心理テストの分野では、色・形問題の理論を応用した心理テストが複数存在しており、利用する機会も多い。そのため、この色・形問題の仕組みを明らかにすることは、そのような心理テストを医療や裁判の現場で利用する根拠を明確にするためにも重要なのである。

表1　使用された形と4〜6歳児の反応型の割合

形反応型	66%	51%	72%
色反応型	28%	41%	25%
分類不能	6%	8%	4%

相川（1970）の年齢別データを合算の上で引用

ところで、「色と形のどちらに反応しやすいか」という単純な心理テストが、なぜ百年以上も研究されてきたのだろう。実は、色・形問題については、これまで多くの研究が行われてきたが、その研究結果がなかなか一致しないのである。まず、テストに使用する形や色を変えたら、色に反応していた人が形に反応するようになったり、形に反応していた人が色に反応するようになったり、ということが起こる。例えば、先ほどの円と三角のような単純な形の代わりに、角を増やして複雑にした形を用いれば、色に反応する人の割合が増える。逆に、形が見慣れたものに似ている場合、例えば車や動物のように見慣れた形を用いた場合だと、今度は形に反応する人の割合が増える（文献2・表1）。

使用する色・形だけではなく、どのように図を見せるかも結果に影響する。提示された図をじっくりと見比べることができる場合と、瞬間的にしか見比べることができない場合とでは、後者の方が色に反応する割合が増える。さらに、性格と年齢のどちらが色・形問題に影響するかも研究によって異なる。性格のみが色・形問題に影響する研究結果と、年齢のみが影響する研究結果がある。なぜ、研究結果が一致しないのであろうか？　これらの現象を、どのように説明するのが正しいだろうか？

どうやら色・形問題は、単に「色と形のどちらに反応しやすいか」という表面的な問題だけにとどまらない、奥の深いテーマのようである。それでは、色・形問題に関する謎がどのように解明されてきたか、長い研究歴史を、要点だけにしぼって順に解説してみよう。

色の感情的性質に基づく仮説

今から約百年前、この色・形問題に取り組んだ研究者たちは、色自体が持つ感情的性質に基づき解説を試みたようである。色が感情的な性質を表す力を持っているという感覚は、私たちの日常生活にも浸透している。例えば、私たちは幸せな状態を「バラ色の気分」と表現するし、落ち込んだ時には「ブルーな気持ち」と表現する。色そのものに感情的な意味合いが備わっているのであれば、色に反応しやすいというのは容易に感情的になる傾向、すなわち、感情をコントロールする力の低さを表しているのではないかと考えられた。そして、そのような人は感情に振り回され自己中心的に行動すると解説された。また、子どもは大人に比べて感情的であるからこそ、色に反応しやすいと考えられていたようである。

この仮説は、一見すると筋が通って見えるが、実はいくつかの問題がある。まず、色は感情的性質を表すものであるが、同じように形によっても感情的性質が表されることについて、検討されていない。例えば、私たちは悪意が感じられる態度を「とげとげしい」と表現し、穏やかな人を「性格がまるい」と表現する。これらは、人は色だけではなく、形からも感情的な意味合いを感じることの証拠である。にもかかわらず、色への反応だけを感情的な性格と結びつけるのは、理屈として弱く感じる。また、色の感情的性質による説明だけでは、色・形問題の結果が用いる形や色によって変わってくるという現象や、性格と年齢のどちらか一方しか結果に反映されないという現象の説明も困難である。

視覚の分析的・熟慮的対応に基づく仮説

色と形のどちらを選ぶかを測定しているにもかかわらず、研究方法によって異なる結果が得られてしまう点について、多くの研究者が頭を悩ませた。しかし一方で、研究方法の違いが結果にどう影響するかを明らかにすることこそが、色・形問題を解明するための糸口になると考えた研究者もいた。

一九六〇年、相川という研究者は、すでに数多くの研究がなされていた色・形問題の記録を見直してみた。すると、年齢差の影響は、図の提示に制限時間がない測定法によく表れていたのに対し、性格の影響は、瞬間提示器を用いて〇・五秒という短い間だけしか図を提示しな

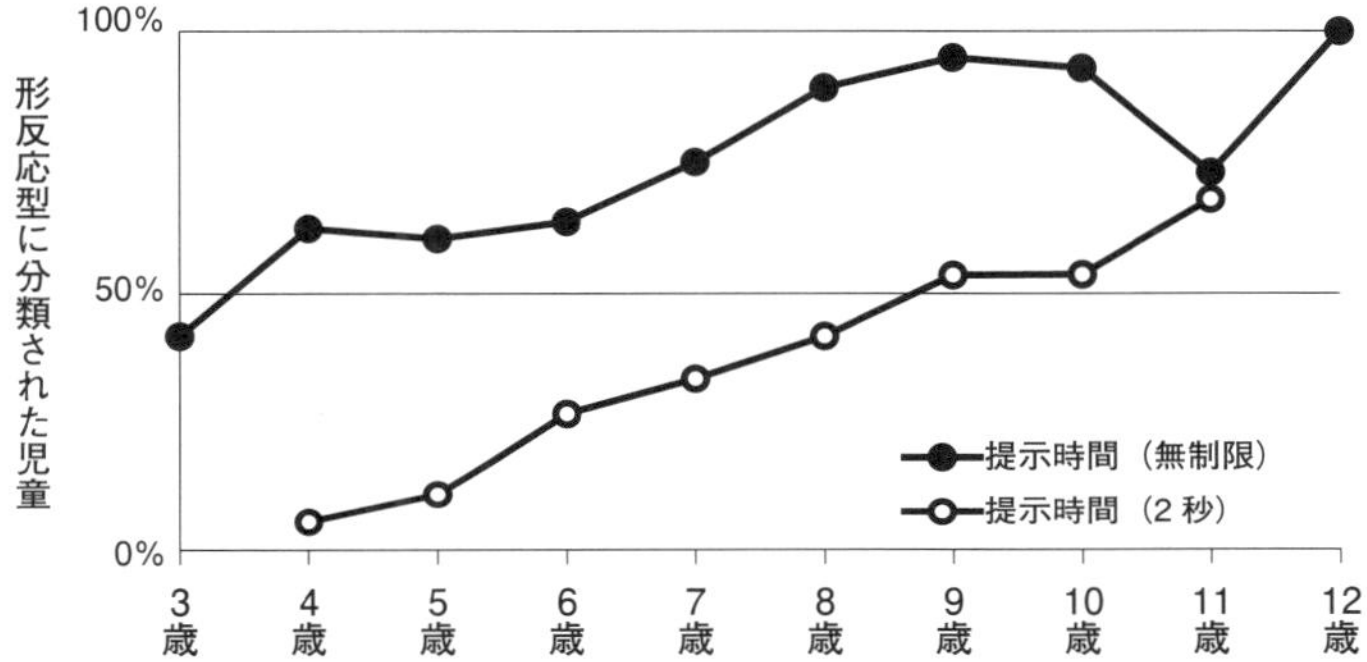

図２　提示時間の違いと形反応型の児童数（相川, 1964, 1968）
提示時間２秒の調査は、４～11歳のみ

かった測定法によく表れていたことに気がついた（文献３）。相川はこのことをヒントに、図の知覚に利用できる時間が短い場合には、性格のような個人の性質の差が反映されやすいのではないかと考えた。そして、相川は自ら、提示時間が二、三秒の瞬間提示器を用いた実験を行うことで、この仮説の検証を試みた。

相川の実験では、当初の仮説と異なり、瞬間提示器を用いた場合でも年齢差の影響が見られた。ただし、年齢差が反映するのは制限時間がない場合での実験よりもずっと遅くなっていた。提示時間に制限がない場合、四歳頃には五〇％以上の子どもが形反応型に分類されたが、提示時間が二、三秒しかない場合には、八歳頃まで五〇％を越えることはなかった（文献４・５・図２）。この研究結果から、成長にともない視覚的な能力が発達するにつれ、短い提示時間という困難な条件下でも形に反応できるようになると考えられるようになった。そして、この視覚的な能力をどの程度発揮しようとするかが、性格と関連していると考えられた。

ところで、ここで問題となっている視覚的な能力とは、具体的にはどのようなものなのであろうか？　私たちは、色の塗られている部分のうち、わずかな範囲を見るだけで何色か認識することができる。そのため、色を知覚するだけならば、視点を複雑に動かす必要はない。しかし、形を知覚する場合には輪郭に沿って視点を動かす必要があり、その分だけ必要な時間も増加する。すなわち、分析的・熟慮的に視覚を駆使する能力が必要となる。この視点の動かし方と色・形問題との関連性については、カッツという研究者が詳しく検討している。カッツは、輪郭が複雑になるほど色に反応する人が増加するのは、形に反応する際の分析的・熟慮的な対応の負担が大きくなるためと考えた。また、形に反応しやすい人、すなわち分析的・熟慮的に視点を動かそうとする態度の強い人は、色・形問題に限らず本質的に分析的・熟慮的な性格の持ち主であるとも考えた（文献6）。なお、分析的・熟慮的な性格とは、いわゆる「慎重な性格」のことであり、「形反応型の人は日常生活でも自己中心的な行動を避け、精神的に安定した振る舞いをする」という、従来の研究結果とも一致する。

カッツは自らの仮説を証明するために、分析的・熟慮的な性格の子ども二〇人と、逆に衝動的な性格の子ども二〇人に色・形問題を実施した。そして、見本図と選択肢図を見比べた回数と、反応に要する時間を比較した。その結果、分析的・熟慮的な子どもほど、見比べ回数が多

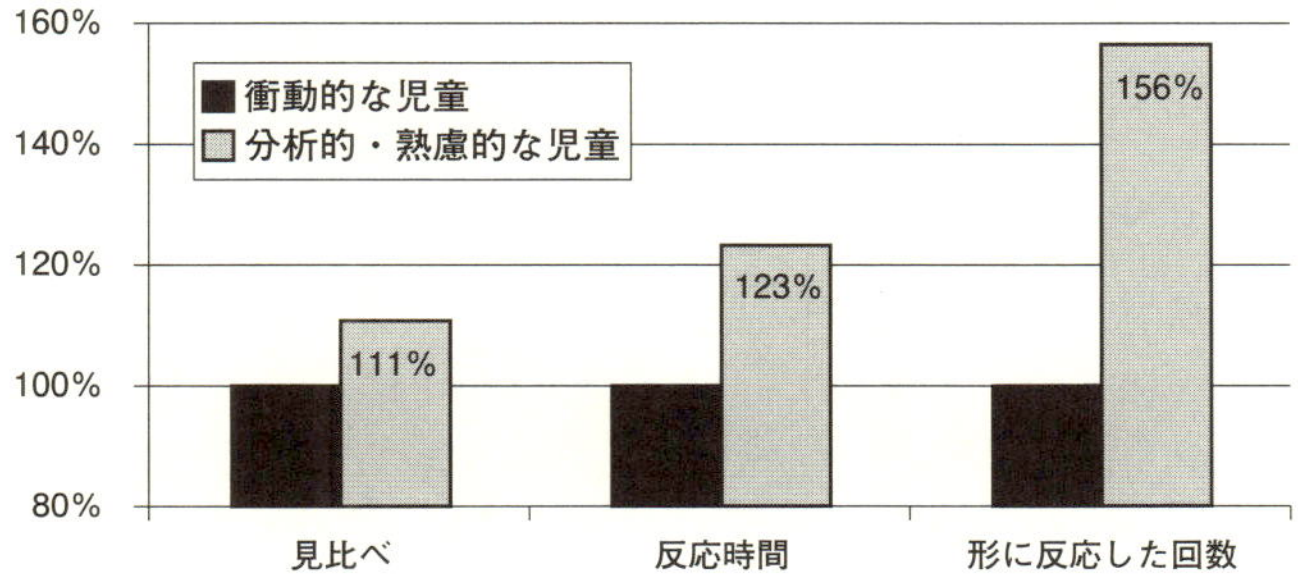

図3　性格の違いによる視覚的分析の差異（カッツ, 1971）
衝動的な児童の各データを100%に換算して表記

く（すなわち、より分析的に対応し）、反応に時間をかけ（すなわち、より熟慮的に対応し）、そして形に反応しやすいことが明らかになった（図3）。これらは全て、カッツの仮説にそった結果であった。

残された問題点

カッツの研究によって、分析的・熟慮的な性格が視覚の用い方に影響を与えることで、形への反応傾向が高くなる可能性が示された。ただし、カッツの仮説では色・形問題と性格・年齢との関係性は、形への反応傾向と分析的・熟慮的な視覚的能力・対応との関連のみによって解説されており、色への反応傾向については何の説明もされていない。つまり、色への反応傾向は、性格や年齢とは無関係であるということである。これは本当だろうか？

この点を検証するのは、実はそう容易ではない。なぜなら、同色図と同形図のどちらか一方を選ぶという従来の測定法であれば、同色図を選んだとしても、それは色への反応傾向が高いからなのか、形への反応傾向が低いからなのか判断ができないからである。逆も同じであり、同形図を選んだからといって、それが必ずしも形への反応傾向の高さによるものとは限らず、色への反応傾向の低さが同形図を選ぶという形で表れただけかもしれない。カッツの仮説は、「形に反応するような、分析的・熟慮的な視点の動かし方を行う者は、性格的にも分析的・熟慮的である」というものであった。そうであるならば、分析的・熟慮的でない性格の人に色反応者が多い理由は、色への反応傾向の高さではなく、形への反応傾向の低さによるものであることを証明する必要がある。いったい、どのような方法で証明するべきなのであろうか?

筆者の証明法

従来、色・形問題では「色か形か」というように、色と形とを一次元上の対極的な性質として捉えていた。しかし、非常に根本的な話になるが、そもそも我々は、色と形とを対極的な性質として捉えているだろうか?　むしろ、色と形は、それぞれ別個の性質として捉えている向きがあるだろう。服を選ぶときを考えてほしい。デザインは、色と形の両方に着目して選ぶ場合が多いはずだ。服の色を重視するあまり形を気にしない、あるいは逆に、形を重視するあまり色を気にしないということは、ほとんどないはずである。実際には、色も形も、両方とも

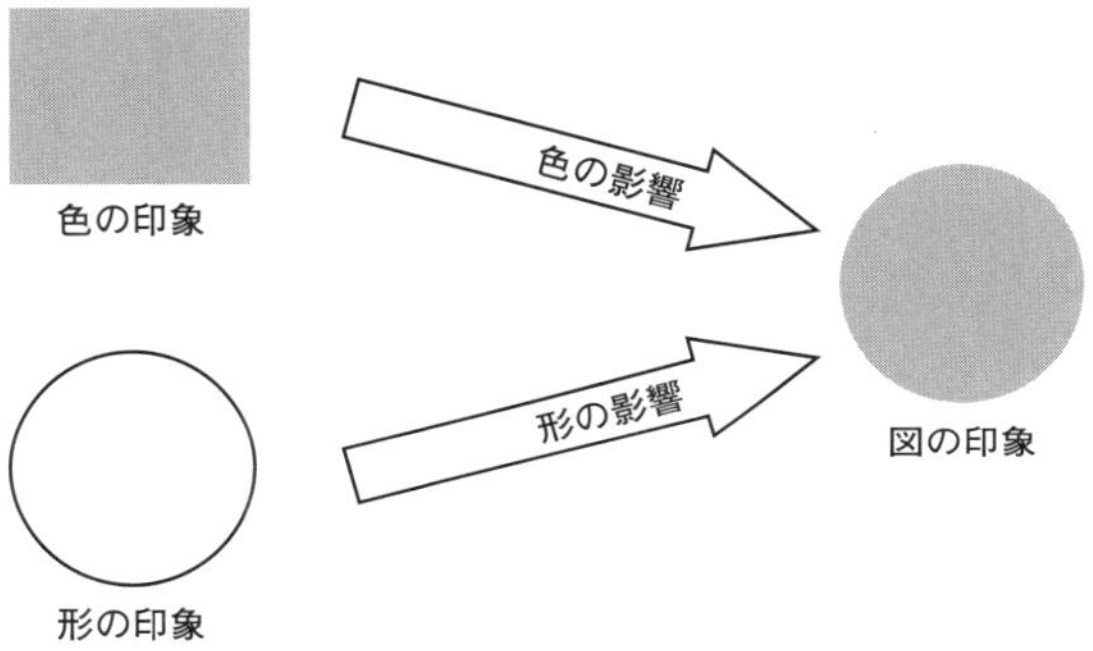

図４　色の印象と形の印象は、図の印象にどの程度影響する？

気にする人が多いはずだ。この考えを、色・形問題に応用できないだろうか？　つまり、色への反応傾向の次元と、形への反応傾向の次元という、二つの次元を想定し、両者を別々に測定することができないだろうか？　筆者はこのアイデアを「色彩・形態二次元モデル」と呼んだ。

次に行ったのはアイデアを形にすること、すなわち、色への反応傾向と形への反応傾向を、別々に測定する方法の開発である。その際、筆者が参考にしたのは、中野による図の印象に関する研究であった（文献７）。この研究では、色と形が合成された図の印象を、色から受ける印象と、形から受ける印象とに分割し、色と形のそれぞれが図の印象に与えた影響を測定していた（図４）。この方法を、色・形問題の測定法に応用できないだろうか？　中野の研究では、単独の図の印象を扱っていたが、色・形問題では複数の図の類似性を扱っている。そ

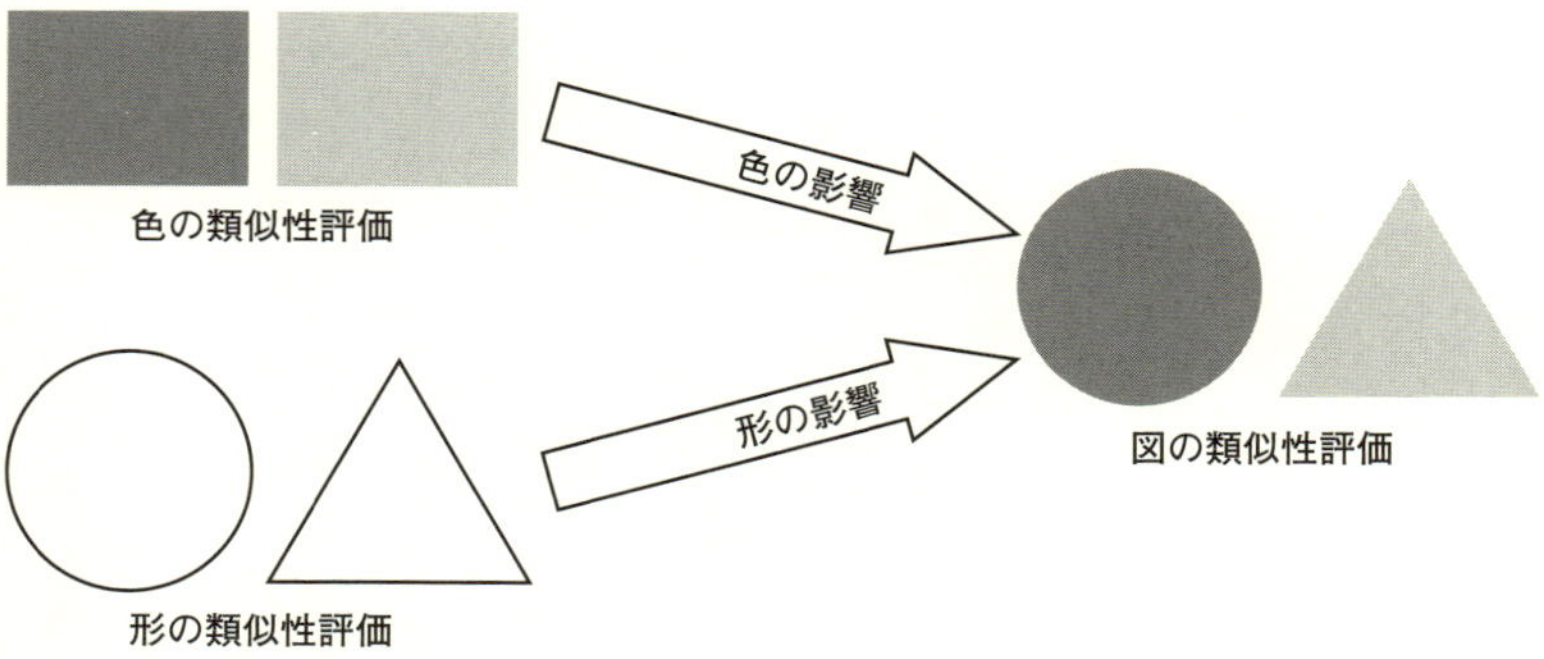

図5　中野（1972）の測定法を、色・形問題の測定法として応用

こで、筆者の研究では、色と形の両方が異なる図を二つ提示し、両図の総合的な類似性と、色のみの類似性、形のみの類似性を評価させるということを、一人の被験者に複数回繰り返すことにした。このとき、図の類似性と色の類似性の連動性が高ければ、図の類似性は色の類似性に影響を受けやすいと考えられるだろう。逆も同様であり、図の類似性と形の類似性の連動性が高ければ、図の類似性は形の類似性に影響を受けやすいと考えられる（図5）。

以上のような測定法を開発する際に重要なのは、どのような図（色と形）を用いるかということである。図―色、図―形の類似性評価の連動性を測定するのであれば、完全に一致した色や形ばかりを用いるわけにもいかないし、全く似ていないのも困る。色や形の組み合わせは、バリエーションに富む必要があった。そこで筆者は、この測定法にあった図の開発と吟味を行い、

形

色　くすんだ赤・緑・青など11色を使用した。

図6　筆者が使用した11種類の図（形・色）

最終的に色も形も互いに異なる一一種類の図を作成した（図6）。この一一種類の図から二種類を組み合わせる方法は五五通りあるため、図がどれだけ似ているかを、一人に対して五五回質問することになる。また、それぞれの図の組み合わせについて、形がどれだけ似ているかの質問も同様に五五回、色がどれだけ似ているかの質問も五五回行うことができる。結果的に、一人につき計一六五回の質問を行う測定法が完成した。筆者はこの測定法を、三種類の類似性評価検査（スリー・シミラリティ・エヴァリュエーション・テスツ、以下、3-SET）と名づけた（文献8）。

調査結果

測定法が完成したら、後は実際にデータを集めるだけである。筆者は3-SETを三二六人に実施した。似ているかどうかを尋ねる一六五の質問は、全て六段階

（「一．全く似ていない」から「六．非常に似ている」）で回答してもらった。このようにして集めたデータの図―色の連動性は、図の類似性評価と色の類似性評価の差に表れる。差が小さく均等なほど、図と色の連動性は高く、差が大きく不均等なほど図と色の連動は低い。図―形の連動性も同様である。これらの性質を読者に実感していただくために、図7に例を示した。見ての通り、連動性が高いデータでは、折れ線の形が平らに近く、値も0に近い。逆に、連動性が低いデータでは、折れ線が大きく波うっている。

それでは、この形や色との連動性と性格の間には、どのような関係が見られたのであろうか。3‐SETと前後して、性格の様々な面を測定するNEO‐PI‐Rという質問紙形式の心理テストを行ったところ、形の連動性が低いほど衝動性が高いことが確認された。その一方で、色の連動性は衝動性と無関係であった（文献9）。この心理テストの衝動性とは、欲求への耐性を意味する概念であることから、どうやら図―形の連動性が低い、すなわち形に反応しにくい者ほど、誘惑に弱いようである。誘惑に弱い者はそうでない者に比べ、集団内でも自らの誘惑に逆らって行動することが困難と思われる。よって、「色反応型は自己中心的」という研究結果は、カッツの仮説通り「形への反応傾向が低い者が自己中心的」と理解する方がよさそうである。

さて、この調査ではもう一つ、興味深い結果が得られている。NEO‐PI‐Rでは開放性と

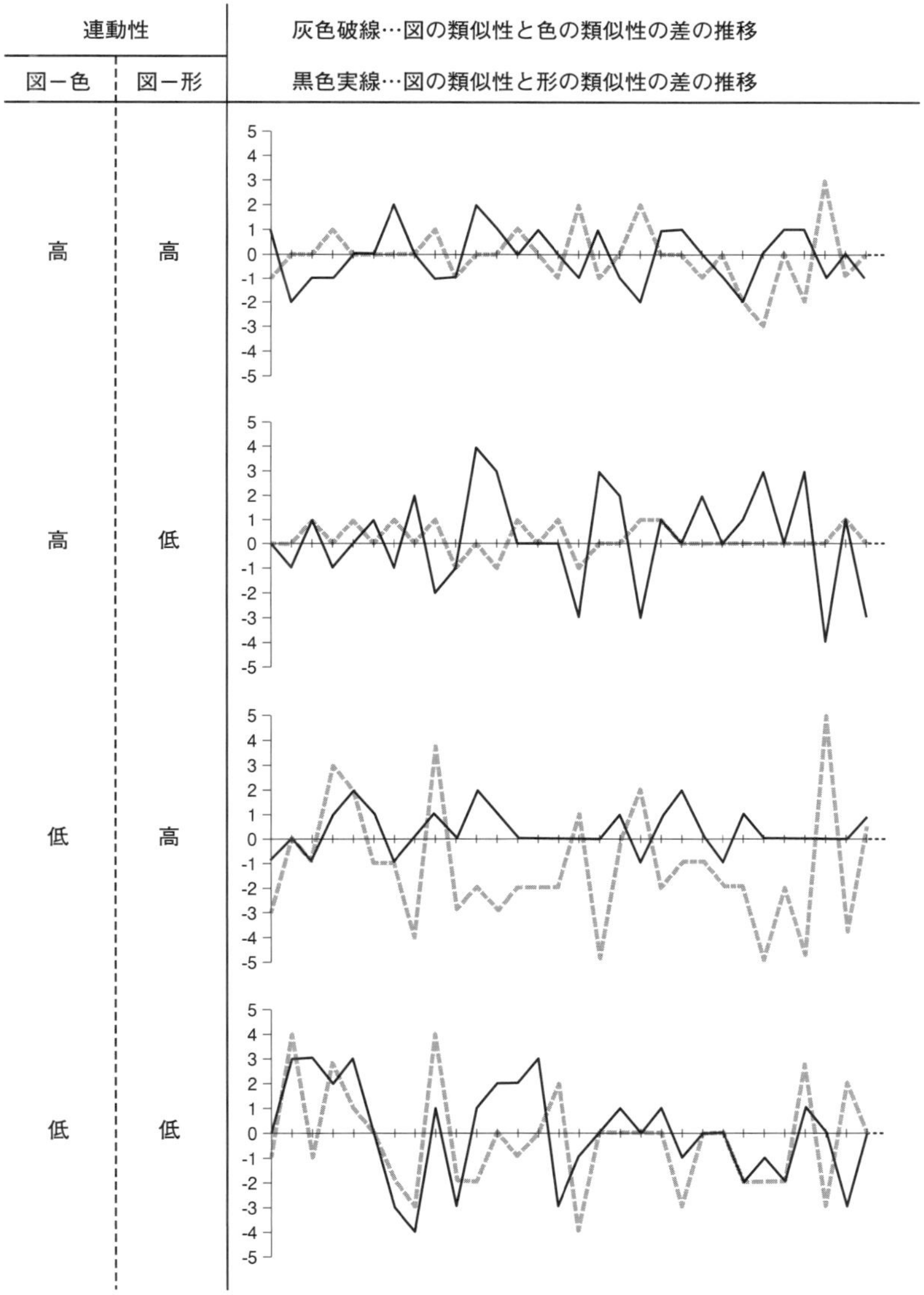
連動性
図ー色
図ー形
灰色破線…図の類似性と色の類似性の差の推移
黒色実線…図の類似性と形の類似性の差の推移
高
高
高
低
低
高
低
低

図７　連動性のデータ例

呼ばれる、創造的・革新的性格を意味する面も測定されるが、図―色の連動性が高いほど、この開放性が高いことがわかったのである。もともと、色反応型は「独創的で柔軟な視点・発想が得意」と説明されてきたことから、色への反応傾向が高いほど開放性が高いという結果に矛盾はない。しかし、自己中心的な性格は形態への反応傾向の低さとして表れるのに対し、独創性や柔軟性が色彩への反応傾向の高さとして表れるのは不思議である。この結果は、どのように説明できるのであろうか？

独創性が高ければ、色彩情報にも着目できる？

色の知覚よりも形の知覚の方が分析的・熟慮的な視覚的能力を必要とするため、形への反応には年齢的発達を待たなければならないことは、相川の研究やカッツの研究によって説明された。しかし、形の知覚には分析や熟慮が必要とされるということは、それだけ負担が大きいことを意味している。なぜ私たちは、負担が大きい形への反応を行うようになるのか。これを解くカギは、色反応型から形反応型への移行が、四歳前後に多く見られるという点にある。四歳というのは、文字によるコミュニケーション、すなわち読み書きが重要になる年頃である。文字を理解するためには、その形こそが重要であり、その文字が何色で記述されているかについては特に意味を持たない。そのため、文字を用いたコミュニケーションが急速に進む四歳頃に、色の重視から形の重視への移行が始まると考えられたようである。

この仮説はリーという研究者によって検討された（文献10）。リーは、幼稚園児を対象に、色と形だけではなく、数や大きさが図の類似性評価に与える影響についても研究した。その結果、年少児よりも年長児の方が形や数への反応傾向が高まっていたが、色や大きさへの反応傾向には変化が見られなかった。リーはこの結果について、色や大きさの要素は、文字の読み書きにはあまり必要とされないためと説明した。

リーの研究をふまえると、私たちがより大きな負担を負ってまで形に反応してしまうのは、「色よりも形の方が重要とされる文明社会に生きているから」と考えることができそうである。それでは、形の方が重要な現代の文明社会において、色への反応傾向の高さとは、どのような意味を持っているのであろうか？　山中は、形反応型について「強い固定観念にとらわれ、型破りの発想は苦手」と述べているのに対し、色反応型には「突飛な独創性を発揮」「芸術家タイプ」と述べている（文献１）。形への反応性の高まりは、文字情報の効率的な処理につながるかもしれないが、その結果、形への反応という固定観念にとらわれてしまい、色に対する反応がおろそかになってしまうのかもしれない。それに対して、視覚的な処理としては非効率的かもしれないが、色のような比較的重要性の低い情報への反応性を失わないという姿勢は、独創的で柔軟な視点・発想をもたらしていると考えられないだろうか？　なお、一般的な大学生の多くは色・形問題において形を選択するが、より独創性が重要視される芸術系大学に通う学生に対して、山中が色・形問題の調査を行ったところ、半数以上が色を選んだという。

色・形問題の研究を振り返って

これまで説明した研究によって、色・形問題の仕組みの大部分は説明されたと思う。もともと筆者は、「色か形か」という選択が性格や年齢と関連するという不思議さを、科学的に追究していただけであった。しかし、終わってみれば、性格により文字通りの意味で「ものの見方」が違っていることや、文明社会における形・色の役割と、それに対する人間の適応など、心理テストの枠だけにとどまらず、様々なことがわかってきた。やはり、色・形問題は、追究に値する奥深いテーマであったようである。

実は、色・形問題にはまだまだ検討の余地が残されている。例えば、どのような質問の仕方や回答の求め方が最も適切なのか、一人からいくつの回答を求めればデータとして十分といえるのか、視覚的障害は結果にどう影響するか、などである。これらの研究テーマは全て、医療や裁判の現場で用いられる心理テストの利便性向上に直結しており、社会貢献的な面からも研究の価値がある。とはいえ、心の不思議さを追究して得られるものが、社会的な実益だけというのは味気ない。心を研究するからには、やはりそこに面白さを感じたいものである。そう考えると「心理テスト」の不思議さを面白く感じる人は、きっと誰でも、心の研究者としての素質を備えているのだろう。

文献

1　山中俊夫『色彩学の基礎』、文化書房博文社、一九九七年。

2　相川高雄「〝形・色問題〟に関する実験的研究Ⅴ、Ⅵ、Ⅶ」、『教育心理学研究』、第一八巻、一九七〇年、二一八―二三四頁。

3　相川高雄「いわゆる形・色問題に関する実験的研究―（1）記憶法による実験的研究―」、『愛知学芸大学研究報告人文科学』、第九巻、一九六〇年、五七五―六〇三頁。

4　相川高雄「〝形・色問題〟に関する実験的研究（Ⅲ）―Lotto-Methode における教示と反応型との関係―」、『心理学研究』、第三五巻、一九六四年、七〇―八一頁。

5　相川高雄「〝形・色問題〟に関する実験的研究：Ⅴ―Tachistoskpversuch における言語的教示と反応型との関係について―」、『愛知教育大学研究報告・社会科学』、第一七巻、一九六八年、九五―一一六頁。

6　Katz, J. M. (1971). Reflection-impulsivity and color-form sorting. *Child Development, 42*, 745-754.

7　中野光子「色彩感情と形態感情の合成効果に関する分析的研究」、『心理学研究』、第四一巻、一九七二年、二二一―二三〇頁。

8　安田傑・中澤清「色彩・形態2次元モデルに基づく、『色・形問題』の測定法の作成」、『臨床教育心理

学研究（関西学院大学・文学部紀要）』、第三六巻、二〇一〇年、五七―六七頁。

9 安田傑・中澤清「2次元斜交モデルによる色・形問題の検討―主要5因子理論の観点から―」、『パーソナリティ研究』、印刷中。

10 Lee, L. C. (1965). Concept utilization in preschool children. *Child Development*, 36, 221-227.

第4章 自分の母親との関係性と子育てとの関連について

上野永子

どうして子どもは母親に抱っこをせがむの？

トコトコトコッ。ドテッ。「エェーン。ママー」「はーい。桜子ちゃんどうしたの。転んだの。痛かったね。痛いの、痛いの飛んでけぇー」。

子どもが歩けるようになり、母親から離れて遊べるようになっても、転んでケガをしたり、見知らぬ人に声をかけられて怖いと思ったりすると、母親の方に駆け寄ってきて抱っこをせがんで慰めてもらおうとする。公園などで見られる親子の日常的な光景である。しかし、満くんが転んで、母親の方に駆け寄ってきても満くんのママは満くんを抱き上げることのないまま、たいていママ友と話し続けている。悟くんが転んで母親のところに駆け寄ると「何、泣いているの！」といつも怒られている。

自分が痛い思いをしたり、不安や恐怖を感じたりしたときに、慰めや安心感を求めて誰かに近づこうとする行動は愛着行動と呼ばれている。愛着行動は、人間に限らず全ての生物が生まれながらに持つ本能行動として知られている。つまり、子どもが母親に抱っこをせがむのは、愛着という本能行動なのである。しかし、子どもの愛着行動に対する母親の応答の仕方は、様々なようである。この愛着について、体系的に研究したのは、ボウルビィーである。ボウルビィーは愛着理論の提唱者として知られており、愛着について三部作と呼ばれる膨大な著書を書き記している。ここで、それら全てを取り上げることは不可能であるため、愛着理論の中でも特に重要と考えられている内的作業モデル（文献1）について解説したい。

内的作業モデルって何？

子どもは、危険や不安を感じると愛着対象に愛着行動を取る。その時に、愛着対象が、子どもの不安を和らげてくれたり、慰めてくれたりすることで、子どもは安心感を得ると同時に、自分は愛される価値のある人間であり、他者は信用に値する存在であるという考えにつながる。逆に、子どもが愛着行動を取ったときに愛着対象がそれに適切に応じてくれなかった場合、子どもは、自分は愛される価値のない存在であり、他者は信用に値しない存在であると考

公園での一コマ

内的作業モデルのイメージ

えるようになるのである。この評価が自分に対するモデル（自己観）と他者に対するモデル（他者観）を形成し、自分の心の中にいつも維持されるようになる。この心の中に維持されたモデルをボウルビィーは内的作業モデルと名づけたのである。

これらの主観的確信としての自己感・他者感が組み込まれた内的作業モデルは、個人のその後の人生における他者との関わりの際に作動し、それに基づいて他者を評価するようになる。そのため、自分は愛され、他者は信用できるとする安定型の内的作業モデルを持つ個人は、他者と良好な関係や自己信頼感を持ちやすいが、自分は愛される価値がなく、他者は信用できないという不安定型の内的作業モデルを持つ個人は、他者に対する不信感のために良好な関係を築きにくく、また自己不信感を持ちやすくなるのである（文献1）。

先に述べた公園での親子の一コマを思い出してみよう。

いつも自分の愛着行動に適切に応じてもらえる桜子ちゃんは安定型の内的作業モデルを持つことが考えられるが、いつも無視されたり怒られたりする満くんや悟くんは不安定型の内的作業モデルを持つことが予想されるのである（もちろん、一度きりの不適切な応答によって不安定型の内的作業モデルが形成されるわけでは当然ない）。

エインズワースの愛着研究

愛着行動のパターンには、個人差があることがわかっている。子どもの愛着行動に対する愛着対象者の応答の違いが、個人の内的作業モデルの違いとなる。この個人差が、本能である愛着行動に結果的に違いをもたらすようになるのである。この愛着行動の個人差について積極的に研究を行ったのは、ボウルビィーの共同研究者であったエインズワースである。エインズワースは、乳児の愛着パターンを調べるストレンジ・シチュエーション法を開発し、愛着研究に大きく貢献した研究者として知られている。ストレンジ・シチュエーション法では、実験室において母子の分離・再会場面を設定する。そして、母親との分離・再会を通して乳児が母親に対してどのような態度を示すかによって愛着パターンを分類する。エインズワースによれば、乳児の愛着パターンは、このストレンジ・シチュエーション法によってⒶ**回避型**、Ⓑ**安定型**、Ⓒ**アンビバレント型**、の三つに分類できるとされている（愛着パターンを二つに分けた場合、安定型と不安定型【回避型＋アンビバレント型】に分けられる)。それぞれの愛着パターンの特徴の概略は次のようなものであった（文献2）。

Ⓐ **回避型**

母親との分離時に混乱を示すことなく、淡々としており、母親との再会時にも特に喜びを表現することがない。

Ⓑ **安定型**

親と分離するときに泣いて多少の抵抗を示すが、再会時には、喜びを表現し、母親との身体接触（抱っこなど）を求める。

Ⓒ **アンビバレント型**

親との分離時には非常に抵抗を示し、再会時には母親との身体接触を求めるものの、親に対して怒ったり、叩いたりする。

そして、エインズワースはその三つの愛着パターンに対応して母親の養育態度に特徴があることを示している。それぞれの特徴の概略は次のようなものであった（文献2）。

エインズワースのストレンジ・シチュエーション法における
母子再会場面の子どもの反応

Ⓐ　**回避型の母親**

子どもに対して、拒否的に振る舞うことが多く、子どもと笑いあったり、スキンシップを取ったりすることが他のパターンの母親と比べて少ない。

Ⓑ　**安定型の母親**

子どもの求めていることに敏感である。子どもと、スキンシップ豊かな遊びを楽しんでいる。

Ⓒ　**アンビバレント型の母親**

子どもの求めていることに対して敏感に反応することが少ない。子どもと楽しく遊ぶこともあるが、それは子どもの求めに応じたものというよりも、母親の気分によるところが大きい。そのため、子どもへの関わりは一貫性を欠くことになりがちとなる。

エインズワースの研究により、子どもの愛着パターンと母親の養育態度に関連があることがわかった。つまり、子どもの内的作業モデルは、母親との相互作用を通して形成されるということである。そのため、母親から拒否的な態度を取られがちな回避型の子どもは、母親の態度に対してクールに振る舞うようになり、一貫しない態度を取られがちなアンビバレント型の子どもは、常に母親に執着するような態度を身につけるのである。

カウンセリングの現場から実証研究へ

筆者は、臨床心理士として不登校といった心理的不適応に陥った子どもの母親に対するカウンセリングを日常的に行ってきた。そんな中で、心理的不適応に陥った子どもの母親には特徴があることを感じていた。その母親の特徴は次のようなものであった。

①　子どもに対する養育態度

子どもに対して拒否的で、積極的に関わろうとしない。または、積極的に関わるのであるが、子どもの気持ちを考えた上で行動するというよりも、自分の考えを押しつけるような関わりをする。

②　母親役割の受容についての意識

母親自身、母親という役割を受容することを負担に感じている。

③　夫婦関係のあり方

夫婦関係は総じてよくない。喧嘩ばかりということもあるが、お互いにコミュニケーションを取らない。母親は、夫である子どもの父親に不満を抱いている。

④ 親との関係性

母親から、親に対して依存できなかった幼少期の思い出が語られることが多い。

このような母親の特徴を感じながらカウンセリングを行う中で、筆者は、養育態度や母親役割の受容、夫婦関係は、母親が自分の親との関係性において形成した内的作業モデルが関連するのではないかと考えるようになった。

そこで、筆者は経験的に感じてきた、母親が幼少期に親と相互作用を通して形成した内的作業モデルと**①母親の子どもに対する養育態度**、**②母親の母親役割の受容についての意識**、**③夫婦関係のあり方**の関連について、幼稚園に通う母親を対象に質問紙調査を行い、多くの人々のデータから検証することとした。カウンセリングの現場から考えられたことが多くの人にもあてはまることがわかれば、カウンセリング事例から得られた知見は単なる臨床心理士の主観的体験ではなく、一般的傾向として捉えることが可能になるであろう。次に、筆者の行った研究について述べることにする。

子育てについての母親の幼少期における愛着の機能についての研究

本研究における調査対象者は、幼稚園に通う子ども（三～六歳）を持つ母親である。まず、調査対象者である母親の幼少期の愛着パターンの分類を行った。母親の幼少期の愛着パターンの分類については、エインズワースのストレンジ・シチュエーション法における愛着パターンの分類を参考に三つのパターンに分類することとした。愛着パターンの分類には、まず、母親の子ども時代における自分の母親との関係性を問う質問紙項目に対して、回避型、安定型、アンビバレント型の人のそれぞれの予想される典型的な回答の仕方について、愛着研究者四人で検討した。そしてそれぞれの調査対象者がいずれの愛着パターンの典型的な回答の仕方と似ているのかによって三分類した。

その結果、分析対象者は二〇一名となり、回避型は五三名（二六パーセント）、安定型は一二六名（六三パーセント）、アンビバレント型は二一名（一一パーセント）だった。

次に、愛着パターン別に、**①母親の子どもに対する養育態度**、**②母親役割の受容**、**③夫婦関係のあり方**に関連があるかを質問紙調査によって検討した。

①　母親の愛着パターンと養育態度

養育態度の測定については、「子どもにたびたび話しかける」といった項目から構成される受容的・子ども中心的関わり尺度、「子どもを自分の言いつけどおりに従わせようとしている」といった項目から構成される統制的関わり尺度、「子どもが同じことをしても、ときによって叱ったり放っておいたりしてしまう」といった項目から構成される責任回避的関わり尺度という三つの下位尺度からなる養育態度尺度（文献3）を用いた。母親の幼少期の愛着パターン別に見たそれぞれの養育態度下位尺度の平均得点を、図1に示した。安定型の母親は、回避型やアンビバレント型の母親に比べて受容的・子ども中心的関わりの平均得点が高かった。このことから、安定型の母親は、他の愛着パターンの母親よりも受容的な態度で子どもと関わることがわかった。つまり、母親の子どもへの養育態度は母親自身が子ども時代に受けた養育経験を通して形成された内的作業モデルと関連があるということである。

② 母親の愛着パターンと母親役割の受容

母親役割の受容のあり方の測定は、「母親であることが好き」といった項目から構成される積極的で肯定的な意識尺度と「子どもは産まない方が良かった」といった項目から構成される消極的で否定的な意識尺度という二つの下位尺度からなる母性意識尺度（文献4）を用いた。母親の愛着パターン別に見た、母性意識尺度のそれぞれの下位尺度の得点を図2に示した。母親役割の肯定的受容は安定型の母親が回避型の母親よりも平均得点が高かった。また、否定的な母親役割の受容は、回避型の母親とアンビバレント型の母親が安定型の母親よりも平均得点が高かった。

女性が、妊娠・出産すると望むと望まざると母親としての役割を担うことになる。以前は、母親は本能的に母性を持っており、子どもに対して無条件にかわいいと思うとされていた。しかし、その定説に対して疑問を持った大日向の研究により、母親の母性意識には個人差があることが指摘されている（文献４）。大日向は、肯定的に母親役割を受容する母親は、子どもの成長を素直に喜び、子どもに献身的に関わることができるが、母親役割に対して否定的な意識を持つ母親は子どもの成長を素直に喜べず、子育てに自信のない傾向を示すとしている。このことから、安定型の母親は、他の愛着パターンの母親に比べて、親になることを受容し、子育てを楽しむことが考えられるが、回避型やアンビバレント型は、安定型の母親に比べて子育てに自信を持ちにくいことが考えられる。さらに、回避型の母親にいたっては、肯定的な母親意識が安定型の母親よりも乏しいことが示されており、子育てに楽しみも見出しにくい母親であることが考えられるであろう。

③　母親の愛着パターンと夫婦関係

夫婦関係のあり方の測定は、「小さなことでも話し合って決める」といった連帯感尺度、「夫の体調が悪い時は、何もいわなくてもいたわる」といった項目から構成される思いやり尺度、「夫と意見が対立したとき、妥協点を見つけようとする」といった項目から構成される柔軟さ尺度の三つの下位尺度からなる夫婦間の相互性尺度（文献５）を用いた。母親の幼少期の愛着パターン別に見たそれぞれの夫婦間の相互性下位尺度の平均得点を、図3に示した。これらの結果から、安定型の母親は他の愛着パターンの母親と比べて連帯感、思いやり、柔軟性のいずれにおいても平均得点が高く、夫婦の相互性が高いことがわかった。

内的作業モデルが安定型か不安定型かによって、自己観、他者観に違いが生じ、他者との人間関係に影響することを先に述べた。夫婦関係もまた、人間関係の一つであり、不安定型の内的作業モデルを持つ母親は、夫に対する不信感を持ちやすくなり、その結果、夫婦間の相互性が乏しくなる可能性が考えられる。

就業の有無にかかわらず、夫婦が日常的に話し合う時間が長いほど妻の育児不安が低いことが示されている（文献6）。このことは、夫婦関係が間接的であれ、子育てと関連することを示しており、回避型やアンビバレント型の母親は、安定型の母親に比べて育児不安を持ちやすい傾向を持つことが考えられる。

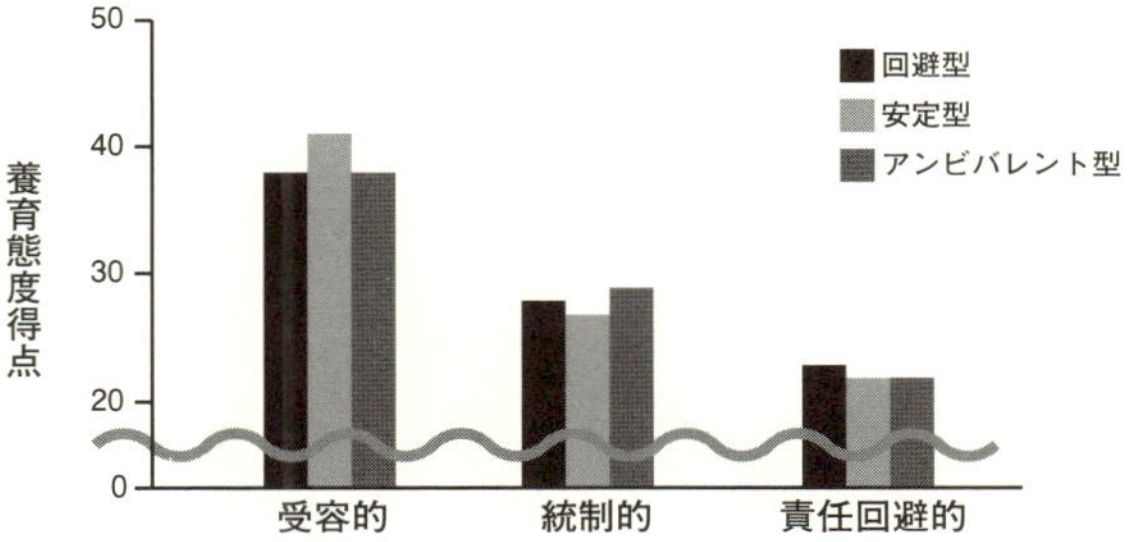

図１　愛着パターン別にみた養育態度得点

統計的に差が認められたのは、受容的態度のみである。

また受容的態度においては、回避型とアンビバレント型の間に統計的差は見られなかった。

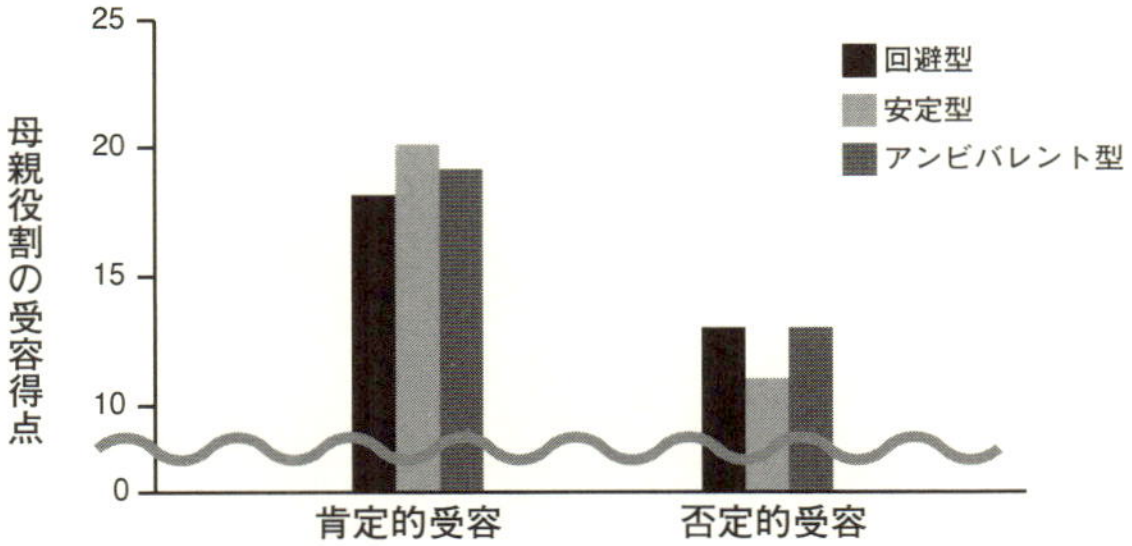

図２　愛着パターン別にみた母親役割の受容

肯定的受容において、アンビバレント型と他の愛着パターンとに統計的差は見られなかった。

また否定的受容において、回避型とアンビバレント型の間に統計的差は見られなかった。

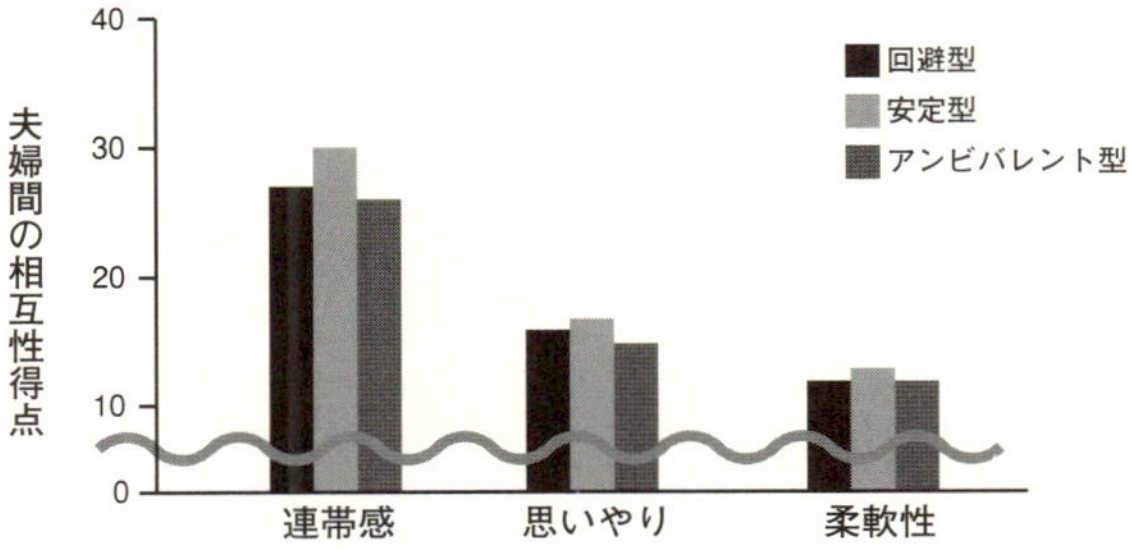

図３　愛着パターン別にみた夫婦間の相互性

いずれの尺度においても、回避型とアンビバレント型の間に統計的差は見られなかった。

内的作業モデルは変化するのか?

先に述べた筆者の研究結果から、愛着パターンが安定型の母親は、回避型やアンビバレント型の母親に比べて受容的で子ども中心の養育態度を取り、母親役割を肯定的に受容し、夫婦間のコミュニケーションも円滑であることがわかった。このことから、幼少期の母親との関係性が安定したものであることが、その個人が母親になり子育てをする際に、重要になるということがいえるであろう。

それでは、幼少期に形成された内的作業モデルは生涯変わることがないのだろか。一歳時点でストレンジ・シチュエーション法によって愛着パターンを判定された被験者に対して二十年後、成人の愛着パターンを分類するアダルト・アタッチメント・インタビューを行ったところ、六四パーセントの人の愛着パターンに変化が見られなかったことが報告されている（文献7）。このことから、幼少期に形成された愛着パターン、すなわち内的作業モデルは変化しにくいと考えられている。しかし、全ての人の愛着パターンが変化しないわけではない。不安定型の人が結婚によって安定型へと移行するケースもあれば（文献8）、家庭環境の悪化によって安定型から不安定型へ移行するケースも報告されている（文献9）。つまり、幼少期に形成された内的作業モデルは、その後、その個人が遭遇するライフイベントによって、不安定型から安定型、もしくは安定型から不安定型へと変化し得るものでもある。また、ライフイベントの遭遇にかかわらず、カウンセリングによって不安定型から安定型への愛着パターンが変化した事例も報告されている（文献10）。愛着パターンとして表れてくる個人の内的作業モデルが、人間関係において影響することを考えると、臨床心理士が不安定型の愛着パターンの変容を目指したカウンセリングを行うことに意義があるといえるだろう。

さいごに

筆者が、母子の関係性について研究することになったきっかけは、不登校などの心理的不適応に陥った子どもの母親に臨床心理士として出会い、母親に対してカウンセリングを行う中での経験に端を発する。本章における研究から、母親の幼少期の家族（本研究においては母親自身の母親）との関係性が子育てに影響しているという臨床の知見（カウンセリング現場から考えられたこと）が、カウンセリングを受けている人に限らず、一般的な傾向であることが証明されたといえよう。私たちは、日常生活の中で「この問題は○○の影響ではないか？」と感じ、そして「この問題の解決のためには△△が重要なのではないか？」と考えることがある。それを、主観的な体験にとどめず、客観的に検証してみることもまた研究の面白さだと筆者は考えている。

ここでは、母子の関係性に焦点をあてて論じたため、子どもの心理的不適応には母親が原因なのだと誤解する読者がいるかもしれない。もちろん、子どもの成長に母親の役割は大きい。しかし、限られた紙面の中で割愛せざるを得なかったものの、母親のみが子どもに影響を与えるわけではないことも強調しておきたい。

文献

1 Bowlby, J. (1973). *Attachment and loss: Vol. 2, Separation anxiety and anger.* New York: Basic Books.

2 Ainsworth, M.D.S., Blehar, M.C., Waters, E., & Wall, S. (1978). *Patterns of attachment: A psychological study of the strange situation.* New Jersey: Lawrence Erlbaum Associates.

3 鈴木眞雄・松田惺・永田忠夫・植村勝彦「子どものパーソナリティ発達に影響を及ぼす養育態度・家族環境・社会的ストレスに関する測定尺度構成」、『愛知教育大学研究報告・教育科学』、第三四巻、一九八五年、一三九―一五二頁。

4 大日向雅美『母性の研究―その形成と変容の過程：伝統的母性観への反証』、東京：川島書店、一九八八年。

5 谷田征子・青木紀久子「乳幼児をもつ妻からみた夫婦間の相互性―夫婦間の相互性のタイプと不公平感との関連」、『心理臨床学研究』、第二五巻四号、二〇〇七年、四〇八―四一八頁。

6 牧野カツコ「乳幼児をもつ母親の生活と〈育児不安〉」、『家庭教育研究所紀要』、第三巻、一九八二年、三四―五六頁。

7 Waters, E., Merrick, S. K., Treboux, D., Crowell, J., & Albersheim, L. (2000). Attachment security in

infancy and early adulthood: A 20-year longitudinal study. *Child Development, 71*, 684-689.

8 Crowell, J. A., Treboux ,D., &Waters, E. (2002). Stability of attachment representations: The transition to marriage. *Developmental Psychology, 38*, 467-479.

9 Weinfield, N. S., Sroufe, L. A., & Egeland, B. (2000). Attachment from infancy to early adulthood in a high-risk sample: Continuity, discontinuity, and their correlates. *Child Development, 71*, 695-702.

10 Fonagy, P., Leigh, T., Steele, M., Steele, H., Kennedy, R., Mattoon, G., Target, M., & Gerber, A. (1996). The relation of attachment status, psychiatric classification and response to psychotherapy. *Journal of Consulting and Clinical Psychology, 64*, 22-31.

著者紹介

寺尾将彦（てらお・まさひこ）第１章
現　　職：東京大学大学院総合文化研究科 日本学術振興会特別研究員PD
専門分野：視覚科学、眼球運動、非網膜情報処理

田中善大（たなか・よしひろ）第２章
現　　職：関西学院大学大学院文学研究科　研究科研究員
専門分野：行動分析学、臨床心理学、特別支援教育

安田　傑（やすだ・まさる）第３章
現　　職：関西学院大学文学部契約助手
専門分野：パーソナリティ心理学、心理検査、ロールシャッハ法

上野永子（うえの・のりこ）第４章
現　　職：関西学院大学大学院文学研究科　研究科研究員
専門分野：臨床心理学、愛着研究、親子関係

K.G. りぶれっと No. 30
心理科学の射程

2012年3月30日初版第一刷発行

著　者　寺尾将彦・田中善大・安田 傑・上野永子

発行者　田中きく代
発行所　関西学院大学出版会
所在地　〒662-0891
兵庫県西宮市上ケ原一番町1-155
電　話　0798-53-7002

印　刷　協和印刷株式会社

Printed in Japan by Kwansei Gakuin University Press
ISBN 978-4-86283-114-9

http://www.kwansei.ac.jp/press

関西学院大学出版会「K・G・りぶれっと」発刊のことば

大学はいうまでもなく、時代の申し子である。

その意味で、大学が生き生きとした活力をいつももっていてほしいというのは、大学を構成するもの達だけではなく、広く一般社会の願いである。

研究、対話の成果である大学内の知的活動を広く社会に評価の場を求める行為が、社会へのさまざまなメッセージとなり、大学の活力のおおきな源泉になりうると信じている。

遅まきながら関西学院大学出版会を立ち上げたのもその一助になりたいためである。

ここに、広く学院内外に執筆者を求め、講義、ゼミ、実習その他授業全般に関する補助教材、あるいは現代社会の諸問題を新たな切り口から解剖した論評などを、できるだけ平易に、かつさまざまな形式によって提供する場を設けることにした。

一冊、四万字を目安として発信されたものが、読み手を通して〈教え―学ぶ〉活動を活性化させ、社会の問題提起となり、時に読み手から発信者への反応を受けて、書き手が応答するなど、「知」の活性化の場となることを期待している。

多くの方々が相互行為としての「大学」をめざして、この場に参加されることを願っている。

二〇〇〇年　四月